●广东省普通高校人文社科重点研究基地“粤西教师教育研究中心”资助项目
●广东省协同创新平台“粤台教师教育协同创新发展中心”资助项目
●教育部地方高校第一批本科专业综合改革试点“小学教育”资助项目
●广东省创新强校工程“地方高师院校教、研、创‘三力型’小学卓越教师培养模式的探索与实践”资助项目

学校和谐融洽的协作力

XUEXIAO HEXIE RONGQIA DE XIEZUOLI

丛书主编 ◎ 罗海鸥
陈一平　郭雪莹　王林发 ◎ 著

江苏凤凰教育出版社
Phoenix Education Publishing, Ltd

图书在版编目（CIP）数据

学校和谐融洽的协作力/陈一平，郭雪莹，王林发著. —南京：江苏凤凰教育出版社，2016.7

ISBN 978-7-5499-5961-7

Ⅰ.①学… Ⅱ.①陈… ②郭… ③王… Ⅲ.①中小学—校长—学校管理—研究 Ⅳ.①G637.1

中国版本图书馆 CIP 数据核字（2016）第 172648 号

书　　名	学校和谐融洽的协作力
作　　者	陈一平　郭雪莹　王林发
责任编辑	雷利军　李媛媛
封面设计	天之赋设计室
出版发行	江苏凤凰教育出版社（南京市湖南路 1 号 A 楼　邮编 210009）
苏教网址	http：//www.1088.com.cn
照　　排	北京世纪鸿文制版技术有限公司
印　　刷	三河市九洲财鑫印刷有限公司
厂　　址	河北省三河市灵山大口
开　　本	787 毫米×1092 毫米　1/16
印　　张	11.5
字　　数	176 千字
版　　次	2017 年 6 月第 1 版　2017 年 6 月第 1 次印刷
书　　号	ISBN 978-7-5499-5961-7
定　　价	30.00 元
网店地址	http：//jsfhjycbs.tmall.com
邮购电话	025-85406265,85400774　短信　02585420909
E - mail	jsep@vip.163.com
盗版举报	025-83658579

前 言

团结就是力量

陈一平，1983年8月参加工作，现任广东省廉江市安铺镇第一小学校长，为湛江市首批名校长。陈一平讲究“和”与“合”，使安铺镇第一小学在教学改革的道路上，每遇难关都能顺利渡过，每遇挫折都能轻松克服，逐渐形成了独特的校园文化，深受社会好评。

成绩与荣誉

1985年，陈一平作为新手教师，就获得了廉江市教学改革竞赛课一等奖，成为一颗“新星”，引起众人瞩目。1992年，陈一平被评为“南粤教坛新秀”，这是他职业生涯中的关键事件，使他进入了当地教育领导的视线之中。1993年，陈一平荣获“廉江市优秀知识分子”称号，这奠定了他在教育界的“江湖地位”。1995年，陈一平被评为“广东省骨干教师”，其先进事迹被《湛江日报》报道，社会各界人士始知他是“教改闯将”。1997年，陈一平获“小学高级教师”职称。2012年，陈一平获“湛江市先进教育工作者”称号，同年当选廉江市安铺镇第十六届人大代表。2014年，陈一平被推荐为湛江市名校长培养对象，开始了校长职业化、专业化、现代化的新征程。

人生与经历

陈一平出身于一个教师家庭，从小就受到了父母崇高的敬业精神的熏陶。教师职业的责任感，在这个教师世家代代相传。陈一平很小的时候，他的母亲为了帮助一名贫困生提高学习成绩，把这个学生接到自己的家中吃住一个多月，每天晚上都悉心辅导他做作业，后来这名学生终于成为一名学优生。他的母亲一直对学生有着慈母般的爱，这些都是陈一平童年的回忆。毋庸置疑，陈一平也继承了这个家庭的责任感，走上了教育之路。

当时陈一平母亲所在的学校严重缺少教师，应母亲再三要求，陈一平在中等师范学校（以下简称“中师”）还没毕业的情况下，就一边上学一边代课。这所小学只是最普通不过的农村小学，教学环境非常恶劣，教师们连简陋的办公室都没有，只能随着学生在教室里备课、批改作业。全校仅有十来名教师，而且年龄普遍比较大，大多数都缺乏教育激情。第一天上班，陈一平就担任了两个班的数学教学工作，并且兼任班主任。陈一平为了方便工作，就把一张小床搬到学校旁的一间小茅屋里，简简单单地为自己安置了一个“家”。就这样，除了去中师上课的时间外，他就待在这所学校中。

提起那段刚刚开始当教师的日子，陈一平印象最深刻的是，每天早晨，学生们由于父母早起干农活，家里没人照看自己，就早早地来到了学校。学生们知道陈一平就住在学校旁的小茅屋里，门每天都是虚掩着，就不约而同地推开门走进来。学生们叽叽喳喳的说话声就像闹钟一样叫醒陈一平，就这样，陈一平开始了一天的工作。陈一平认为在那段时间里，自己不单单是一名教师，更是学生们的兄长。

在这样的环境中，陈一平站在三尺讲台上为学生讲授知识，真正品尝到了当教师的酸甜苦辣。

中师毕业后，陈一平真正开始了教育之路。农村小学的教育理念仍然比较落后，教学管理也不完善，最突出的问题就是，教师的备课方式仍然是个体备课，非常单一，从不集体讨论，也不沟通交流，更没有科组长，只是你教你的，我讲我的。大家都知道，个体备课这种方式的最大弊端就是没有很好地利用集体智慧，这使得各位教师的备课显得偏颇、狭窄、封闭。初出茅庐的陈一平决定组织一次集体备课，以加强教师间的交流。他以请教的名义，邀请了几位教师一起备课。但这种方式并没有持续多长时间，几次后，那些教师都找借口推辞不去了。因为大部分教师都非常忙碌，除了备课、上课之外，还要忙农活，他们已经很疲惫了，哪有更多时间进行集体备课呢？

这种风气甚至影响了新来的教师。当时有一名新毕业的英语教师，刚开始工作时他兢兢业业，见学生英语基础差，就利用周末时间给学生辅导，学生的英语成绩提高得很快。但是后来，他看见其他教师比自己轻松多了，而且自己做了这么多事，却没有得到领导的赏识，也就渐渐地失去了教学的热情。任何职业都有倦怠期，教师每天都面对着相似的课堂、相似的学生、相似的教材、相似的教学过程，自然会感到单调、沉闷。而且受不良教学风气的影响，大部分教师都缺乏反思的意识、创新的勇气和发展的动力。

第二年，学校来了一位新校长，他非常善于培养新人，陈一平被选中担任数学科组长。任职后，陈一平向校长提出改变个体备课这种封闭式的备课方式的建议，他指出，这样的备课方式无法提升教师的教学水平，也无法提高学校的教学质量。陈一平知道，学校中的大部分教师对自己并没有太高的工作要求，也没有远大的职业理想，整支教师队伍处于一种发展停滞的状态。陈一平认为，自己必须做一些什么，以改变学校的状况。

非常幸运的是，陈一平碰到了一位热爱教育事业的领导，他与陈一平的看法是一致的。从那以后，陈一平就起着带头的作用，推动学校进行教学改革。

尽管农村小学的工作条件十分艰苦，但陈一平依然热情饱满、干劲十足，只想把自己掌握的知识全部教给学生。就这样，日子一天天过去，陈一平的教学能力得到了很大的提高，他所教学生的成绩好多次都是全年级第一名。

回顾自己在教学上的成长，陈一平认为主要原因是自己获得了有经验的教师的指导和校长的赏识。另外，他还提到赛课给他带来了很大的影响。陈一平一共参加过了七次赛课，多次获得一等奖，这为后来被评为“教坛新秀”打下了扎实的基础。现在很多教师提起赛课都觉得压力很大，甚至有不少教师对赛课予以抨击，认为这是一种残害教师身心健康的活动。但陈一平认为，自己是赛课的受益者。他每一次站在赛课的讲台上，代表学校把自己的教学特色展示给优秀教师和教育专家，得到他们的点评时，都受益匪浅。尽管赛课的整个过程——设计、实施、反思、修改、再实施、再反思、再修改，的确会让人产生疲惫感，但是从中得到的收获也很多。一般来说，参加赛课的教师都被赋予了展示一所学校或一个地区教学水平的重任，每一位参赛教师都有较高的水平和鲜明的个人特色，非常值得年轻教师学习。陈一平七次参加赛课，并在赛课中精心雕琢着自己，为以后的发展奠定了良好的基础。

管理与艺术

陈一平对学校有着很深的感情，他希望能够一步一个脚印地把学校工作做好。就在这时候，陈一平人生的一次关键选择出现了。由于教学成绩显著，陈一平得到了一次调往城市的机会，但是校长极力挽留，加上自己对学校的留恋，他选择留下，放弃了一个“走出去”的机会。这以后，陈一平的身份很快发生了变化，被上级任命为副校长。

在任副校长期间，陈一平做得非常称职。教师们产生了烦恼，他会耐心地进行开导；教师们遇到了问题，他都尽全力帮助解决。陈一平尽管深受校长的赏识和下属的喜爱，但非常清醒。他牢牢地记着，校长对学校工作掌握着最高的决策权和指挥权，身为副校长的自己不能跟校长平分秋色。即使自己对下属有一呼百应的权威，也必须自觉地站在被领导者的位置上，无条件地服从校长指挥，不能“越位”，同时要尽可能地配合校长，在校长的领导下主抓专项，对某一方面的工作负责，唱好“配角”。正因为如此，他一直深得校长的信任，并成为校长退休后的接任者。

成为校长后，陈一平真正开始了独当一面的教育管理，他首先做了两件大事。

第一，建设教师队伍。陈一平加强优秀教师的引进力度，加快对青年教师的培养；设立教研室，加强教研工作，鼓励教师基于教学实践积极进行教学研究，切实地提高教育质量；建设一支理念新、教法对、效果好的教师队伍，促进教师的专业发展。学校经过几年的发展，师资力量大大增强，现有在职教师 85 人，其中，获得省级先进荣誉称号的有 12 人，市级骨干教师有 15 人，高级教师有 60 人。

第二，建设特色学校。陈一平所在的地区有一种非常古老的文化——锣鼓文化。当地现在还保留着传统的锣鼓班，每逢节日，就会举办锣鼓比赛，俗称“赛锣鼓头”。比赛时锣鼓声震耳欲聋，经久不息，一个个鼓手接连上场，热闹非凡。

陈一平对这种传统文化非常重视，他希望借助教育的力量，使锣鼓文化继续传承下去。他依托“乡土特色资源，构建特色校园文化”建设工程，开展以传统锣鼓文化探究为龙头，带动校园文化建设的项目。他希望通过这种新型的方式，加强乡土特色文化的探索，进一步深化校园文化的育人功能。

陈一平制订了分年级由浅入深地弘扬锣鼓文化的活动计划。低年级学生认识、欣赏锣鼓文化；中、高年级学生保护、传承锣鼓文化。班组内每月举行与锣鼓文化内容相关的活动，如出板报、开辩论会、使用锣鼓乐器演奏等，以此发掘学生的特长，增强学生的自信，培养学生的兴趣。全校师生以丰富多彩的锣鼓文化探究活动为主线，将各种校园文化要素融合起来，从而使整个锣鼓文化探究活动成为一个有机的素质教育平台。另外，以第二课堂和兴趣小组为载体，利用社会力量，邀请锣鼓艺人到学校进行介绍、演示、教学，使锣鼓文化在校园中传播开来。此外，陈一平还申报了“基于乡土特色的育人方式转变的实践研究”课题，并获得立项，这为锣鼓文化探究活动的深入开展奠定了理论基础。

建设特色学校是陈一平的目标，他借助社会力量，通过全校师生的共同努力，最后成功地达成了这一目标。

在陈一平的带领下，这所普通乡村小学已经慢慢发展壮大了。2010年，校园占地面积达 2 万多平方米，建有教学楼 4 幢、综合实验楼 1 幢、教职工宿舍楼 1 幢，总建筑面积达 1 万多平方米。现有教学班 25 个，学生 1500 多人。

但是，在几年的迅猛发展后，学校渐渐进入了瓶颈期。在这紧要关头，陈一平开始了“创强”之路。这个选择使得学校面临着诸多需要解决的问题。校园环境的建设、骨干教师的培养、教学制度的改善等常常让陈一平忙得焦头烂额。陈一平决定建设管理团队。管理团队中的章副校长和刘副校长可谓“创强”的勇将，他们协助陈一平带领全校教师走上了改革之路。慢慢地，学校的特色课堂取得了实效，同时获得了更多教育者的肯定和支持。近三年来，学校先后被评为“行风政风评议”活动先进单位、“深入学习实践科学发展观”活动先进单位、“创先争优”活动先进单位等。家长看到学校越办越好，教学质量越来越高，对陈一平自然是赞不绝口。

陈一平把“解放思想，大胆创新”作为教育改革的座右铭，不守旧，不盲从，锐意革新，敢于迎接挑战，紧抓时代脉搏，有独树一帜的办学理念，有自己的教育特色。陈一平把“齐心合力”摆在首位，他一直认为学校的发展主要功劳在大家，与自己的关系并不大。陈一平善于整合教职工的力量，促进大家相互支持、相互帮助，达到心灵上的沟通，从而更好地进行教育工作。

目 录

第一章

协作的两大策略

人与人协作的方式和类型有很多种，只有选取恰当的协作方式和类型，才能很好地发挥协作的作用。那么，我们在与他人协作时，究竟该如何选择和确定协作方式和类型呢？陈一平通常采取几种有效的协作策略，下文中我们将看看他到底有哪些值得我们借鉴和学习的协作智慧。

我们经常在网络上看到这样一句话："不怕神一样的对手，就怕猪一样的队友。"的确，大部分人的成功都来自协作，但实际上，成功除了取决于协作的人之外，更重要的是选择适合双方的协作方式。

在动物界中，我们经常会看到很多匪夷所思的协作现象。如海葵虾和红海葵，海葵虾的两只大螯各夹着一只红海葵，整天东游西荡。一旦遇到危险，海葵虾立即提起红海葵，红海葵便用有毒的触手对付来犯者。这样，海葵虾可以到处觅食，不必为安全担忧；而红海葵只要靠海葵虾吃剩的食物就足以饱腹了。鳄鱼和燕千鸟的互惠互利行为更为有趣。燕千鸟不但在凶猛的鳄鱼身上寻找小虫吃，还进入鳄鱼的口腔中，啄食残留的鱼、蚌、蛙的肉屑和里面的寄生虫。有时鳄鱼把大口一闭，燕千鸟就被关在里边了。然而你不必担心，只要燕千鸟轻轻用喙击打鳄鱼的上下颚，鳄鱼就会张开大嘴，让燕千鸟飞出来。

在人类社会中，我们更需要协作，只有这样，我们才能更好地生存和发展。

其实，每个人都有优势与缺陷，不论我们的协作伙伴多么优秀，他们总有自身的不足，因此，我们要懂得根据人的优缺点采取适当的协作方式，从而达到最完美的协作效果。

那么，究竟在协作方式的选择中有什么秘诀呢？今天，我们就结合陈一平的亲身经历，给大家提供一些参考。

我们知道，随着教育的不断发展，越来越多的学校提出了建设校本文化的愿望，但是真正能够成功的寥寥无几，陈一平却把这件事搞得有声有色。当然，这不是靠他一个人的力量。我们在前面谈到，陈一平从小就生活在学校所在的乡镇中，对那里的文化非常熟悉，其中锣鼓文化就是那里的特色。锣鼓文化是历史悠久的中国传统文化之一。据《山海经》记载，黄帝杀夔，"以其皮为鼓，橛以雷兽之骨，声闻五百里，以威天下"。可见锣鼓文化早就在中国文化中深深扎根了。除了对锣鼓文化进行溯源以外，陈一平还花了大量的时间认真研读校本文化的相关资料。经过再三思考，他最终申报了关于发展锣鼓文化的校本课题。

我们知道，要办好一件事，除了有想法，更重要的是人力、物力充足。对于陈一平而言，却是人力、物力都缺。尽管锣鼓文化在民间有所保留，但真正懂的人并不多，特别是学校中的音乐教师都比较年轻，而且以外地人为主，要干好这事，并不容易。除此以外，发展锣鼓文化需要配置许多乐器，这一大笔资金又该如何筹集呢？陈一平一想到这个问题，就感到非常烦恼。因为学校音乐室里的乐器已经非常陈旧了，能继续使用的还不到一半，必须买新的。所以，当陈一平提出要把锣鼓文化作为校本文化来发展时，大部分教师都感到很吃惊。尽管他们都非常赞同这个想法，但是又担心陈一平想不出解决问题的办法。

机会是留给有准备的人的。2012 年，市教育局响应市政府的号召，发起了创建特色文化学校的活动。陈一平一听到这一消息，马上把自己的想法上报给上级领导，得到了肯定后，就获得了奖励发展资金，这刚好解了燃眉之急。但是问题还没有彻底解决，资金有了，但教师又该从哪里找呢？

于是，陈一平到处向人打听关于锣鼓艺术团的消息。皇天不负有心人，陈一平终于找到了一个被众人所称赞的民间艺术团。但一切并没有他想象中那样顺利，陈一平在与艺术团负责人洽谈的过程中发现，这个艺术团正准备申请非物质文化遗产项目，这件事已经耗费了艺术团成员的大量精力，实在没办法与陈一平进行协作。陈一平也理解他们的状况，只好沮丧地离开了。回到学校后，一位教师建议说：“要不，咱们多花点钱再找艺术团老师谈谈吧，或者还有转机呢！”陈一平一听，马上拒绝了这一建议，因为他深知，艺术家更看重的是文化价值，而非物质条件。

无奈之下，陈一平只好再寻找其他艺术团，在此期间，陈一平收到了一个消息：那个民间艺术团的锣鼓申遗项目失败了。尽管对于所有热爱锣鼓文化的人而言，这无疑是个坏消息，但是这个坏消息刚好为陈一平创造了协作的机会。陈一平马上找到了艺术团的总负责人戚老先生，不过戚老先生一直是一副犹豫不决的样子，到了谈话结束时，还是没有答应陈一平的请求。陈一平知道自己所做的、所说的还没达到戚老先生的要求，于是第二次他带来了一个文件袋。这个文件袋里装的并不是钱，而是一沓厚厚的计划书、大量的锣鼓文化相关资料，以及学校概况介绍等。

要与强者进行协作，我们必须知己知彼，投其所好，放下身段，表现诚意。下面给大家讲一个故事。有一个富豪，他准备筹办婚礼，希望找一位颇有名气的钢琴家谱一支婚礼乐曲并在婚礼上弹奏这支曲子。富豪的手下刚到钢琴家家里就发现，一个穷小子拿着一份乐谱在请求钢琴家帮忙修改自己结婚仪式上用的曲子，就嘲笑着挤开了那个穷小子，把事先准备好的五万块钱递给了钢琴家说："先给我们家主人谱个吧，我们家主人要最好听的婚礼乐曲!"可是，富豪的手下还没说完就被钢琴家轰出去了。第二次，富豪的手下又拿了十万块钱，让钢琴家谱曲，可钢琴家连门也没开。最后，富豪结婚当天，在富豪摆宴的五星级大酒店对面的一家小餐馆里，钢琴家为那个穷小子奏响了美妙的婚礼乐曲。

我们知道，诚意与金钱并不成正比。要谈协作，首先要有诚意，而这诚意不能只用金钱来衡量。

我们再来分析一下，为什么戚老先生申遗失败了还不愿意接受陈一平的邀请。戚老先生主要有以下两个顾虑。

第一，申遗失败对他的打击还是很大的，再加上他年纪比较大，考虑问题也比较谨慎。

第二，他觉得事情的成功率并不高。学生们从没接触过锣鼓，教他们真的会有效果吗？戚老先生对此并没抱多大的信心。

那么，在第二次的拜访中，戚老先生答应陈一平的邀请了吗？嘿，这事情还真的给陈一平办妥了。到底文件袋里有什么东西让戚老先生放心了呢？首先，陈一平明白戚老先生的疑虑，他知道戚老先生一直对学校的实力没有太大的信心，所以就带齐材料，开门见山地对戚老先生说这个项目已经获得了市领导的重视，也有一定的经费支持，不必担心学校的设备问题。其次，陈一平提出要在学校树立一座锣鼓文化雕塑，并答应戚老先生学校会全力协助艺术团宣传锣鼓文化。再次，陈一平还请戚老先生担任总教练，表示学校会全力配合他的工作。最后，陈一平保证为艺术团争取外出表演的机会，增加其曝光率，提高其知名度。戚老先生一边听一边点头，显然越听越满意。虽然申遗不成功，但若能把锣鼓文化传承给下一代，同样能让它重现活力和生命力，于是他同意了。

我们可以看到，陈一平在与人协作的过程中非常注重一个原则，就是懂得挑选合适的说话时机并适时地保持沉默。这一点在管理中非常重要。

有一个印刷业主在得知一家公司打算购买自己的一台旧印刷机后感到非常高兴，并且决定和对方进行谈判，争取卖个好价钱。印刷业主仔细对自己的旧机器进行检查和核算后，决定以 250 万美元的价格出售。为了保证能够以 250 万的价格出售成功，他甚至想好了如何应对对方提出的各种问题。

当他真的坐到谈判桌前静下心来谈判的时候，他的内心深处仿佛有个声音在说："沉住气，沉住气，先听听对方开价。"买主滔滔不绝地对这部机器进行了一番褒贬，而印刷业主只是淡定地听着。这时候，买主以为印刷业主应该提价钱了，可是出乎他意料的是，印刷业主依然一言不发，就这么僵持了几分钟。之后，买主终于开口说："我们可以付你 350 万美元。"当印刷业主听到"350 万美元"时，我们可以想象出他的心里有多高兴，足足比自己预想的多出 100 万美元。可他不紧不慢地开口说："400 万美元吧，这是最低价了。"就这样，两人以 400 万美元谈判成功。不到一小时，买卖成交了。因为印刷业主懂得适时沉默和挑时机出价，他便多赚了 150 万美元。

懂得挑时机说话，很多时候会带给我们巨大的好处。沉默不语还可以避免我们话多失言，因为在很多时候，很多人在不了解对方，或缺乏自信，或极力表现自己时，可能会不假思索地说出一些不恰当的话，让自己和对方处于一种比较尴尬的境地。

陈一平第一次拜访戚老先生的时候，大多数时间都保持沉默，耐心地听戚老先生讲述他们艺术团的历史。有人会说，陈一平第一次拿出那些资料不就好了吗？可以速战速决。我们在前面说过，与人协作，要有诚意，要放下身段，刘备三顾茅庐不就是这个道理吗？向对方呈现自己的实力是必需的，但这个展示的时机非常讲究：过早地展现自己的实力，会让人觉得轻浮，爱炫耀；过晚地表现自己的亮点，可能连开口的机会都没有。

另外，我们不难发现，陈一平在协作沟通的过程中有一个重要的方法，就是投其所好，这种方法在人与人协作中非常好用。要与人协作，若只是开出一般的条件，成功率自然不会很高。我们都知道，与人进行洽谈，如果第一次成功了，那当然好，但如果第一次就弄砸了，那第二次要成功就更不容易了。所以与重要的人进行协作，要想抓住机会，事前要做好最充分的准备。俗话说："萝卜青菜，各有所爱。"每个人喜欢的东西都有所不同，我们想获取别人的"芳心"，自然需要了解他的喜好。除了喜好以外，我们还要了解他个人的当前情况，即在判断一个人的需求时，我们可以看看他所处的现实环境，如他的经济状况如何，他身边的都是什么人，他最近在为哪些事情忙碌等。只有了解了这些情况以后，我们才能更准确地为协作伙伴提供相应的条件。因此，陈一平在第一次找戚老先生时并没有一下子就把协作条件开出来，而是在了解了戚老先生的情况后，才正式把相关资料和文件拿出来与他详细洽谈。他知道戚老先生一把年纪了，还为申遗的事情操劳，首先可以肯定的是，他对锣鼓文化的传承非常看重。另外，陈一平打听到，戚老先生要是碰上什么重大场合，即使没有出场费，也愿意带着艺术团去演出，让更多的人了解锣鼓文化。这样一来，可以肯定戚老先生不是个贪财之人。看来，只有碰上识锣鼓、赏锣鼓的人，他才愿意与其协作。就这样，陈一平回去整理了资料，把自己能够为发扬锣鼓文化所做的都列了出来，这样对症下药的方法，自然能一举成功。

戚老先生被陈一平的投其所好所说服也是再正常不过的。管理学中有这样一句话："投其所好，自然容易水到渠成。"我们举个简单的例子：到了月底，你的薪水花得所剩无几了，生活很拮据。这个时候，一位朋友打电话说要请你吃大餐，你肯定十分感激，高兴地前去赴约，尽管知道他"无事不登三宝殿"，请吃饭不过是有事相求，但你也答应得比较爽快，比较情愿。相反，如果你手头宽裕，别人请吃饭，你可能会先琢磨一下要不要去，值不值得去，会不会是"鸿门宴"。所以说，与人协作必须投其所好，陈一平就是用这样的思维模式劝服戚老先生同意与他协作的。

协作箴言：投其所好，自然容易水到渠成。

陈一平与戚老先生谈成后，回来就开会跟大家讨论有关建设校园特色文化的事项。大部分教师听说戚老先生愿意到学校里指导学生学习锣鼓都非常惊喜，但有些人提出：请艺术团的人到学校来进行教学会不会有些不妥呢？

陈一平千辛万苦地请了戚老先生加入的选择究竟是对还是错呢？戚老先生对锣鼓文化的了解自然是不可否认的，但他的教学方式到底适不适合小学生呢？另外，陈一平提出的校园特色文化建设难道只需要一个戚老先生就可以了？难道就没有其他办法了吗？我们再进一步深入了解陈一平在整个校园特色文化建设中用到的协作策略。

策略一 强强联合，无往不利

前面提到，有些教师提出疑问：请艺术团的人到学校来进行教学会不会有些不妥呢？他的教学方式会不会跟学校的教学理念发生冲突呢？陈一平这样做真的正确吗？答案是毋庸置疑的——陈一平这样做非常正确，而且其中体现了他过人的智慧，为什么这么说呢？我们先来看看戚老先生的家族。戚老先生的两个儿子都是从小开始学习锣鼓的，而且在全国有一定的知名度，他的孙子也在学习锣鼓。除了自己的家人以外，戚老先生已将100多人已培训成才。所以说，戚老先生的教学实力超强，对于锣鼓教学可算是炉火纯青了。

当时申请校园特色文化建设项目的竞争比较激烈，有不少学校也在积极创建校园特色文化，陈一平虽然已经有了一定的校长管理经验，但说到建设校园特色文化，还是第一次，自然心里没底。虽说没有直接经验，但陈一平有个好习惯，就是很喜欢看管理类的书籍。他了解到管理学中有一种协作手段叫作“强强联合”，即高手与高手之间的协作可以提高工作效率，优化资源配置。想到这个策略后，陈一平马上开始分析学校的情况，学校目前所拥有的优势资源主要有两方面：第一，资金和硬件设备；第二，充足的生源。而戚老先生拥有的优势资源就是他的艺术资源。如果能够把这三种优势资源结合在一起，那么成功是指日可待的了。

这样强强联合、胜券在握的协作机会，陈一平怎能轻易放弃呢？

其实生活中很多协作都是以强强联合的方式进行的。举个例子，海尔集团当时面临的是彩电市场几乎达到饱和的状态，但它突然提出要投资彩电这一行业，不禁让大家百思不得其解。原来它找来了国家一级企业西湖电子集团进行协作。西湖电子集团拥有多项国内一流、世界领先的成熟技术，属于电子领域的“老大”。海尔集团凭着自己雄厚的资本和强大的技术，再加上与拥有强大电子技术水平的公司进行协作，最终取得了成功。

所以，在协作中要想降低风险，把事情办好，最好选择实力较强的协作伙伴，这样就能在自己原有的基础上，更快更好地完成项目。但是我们都知道，你在选别人的同时，别人也在挑选你，因此通常只有水平相当的双方才能实现这种协作关系。因此，我们要想与强者联合，首先得让自己成为强者。陈一平选择与富有经验和对锣鼓文化相当精通的戚老先生协作，就是遵循了这个原则。

与强者协作，自然能缩短发展的时间和减少成长中的错误。有一个寓言故事很能说明这个道理。

在森林里，一只兔子正在一个山洞前写字，突然一只狐狸走了过来，问：“兔子，你在写什么？”兔子回答：“我正在写论文，论兔子如何吃掉狐狸。”狐狸觉得好笑，说：“我一口就可以把你吃掉，你怎么可能吃掉我？”兔子说：“不信？你跟我来。”于是它们走进了山洞。过了几分钟，兔子出来了，狐狸却没有出来。

兔子继续在那里写字，一只狼走了过来，看见兔子，问道：“兔子，你在写什么？”兔子回答：“我正在写论文，论兔子如何吃掉狼。”狼也觉得好笑，说：“只有我能吃你，你怎么可能吃我？”兔子说：“不信？你跟我来。”于是它们走进了山洞。过了几分钟，兔子出来了，狼却没有出来。

兔子继续在那里写字，一只老虎走了过来，问道：“兔子，你在写什么？”兔子回答：“我正在写论文，论兔子如何吃掉老虎。”老虎觉得更好笑，说：“我是百兽之王，你怎么可能吃掉我？”兔子说：“不信？你跟我来。”于是它们走进了山洞。过了几分钟，兔子出来了，老虎却没有出来。

这时候，一只狮子从山洞里走了出来。兔子在论文的最后写道：“当凭自己的能力无法战胜敌人时，与比敌人更强的强者协作，就能战胜敌人。”

当今社会竞争激烈，不但有同类“兔子”在抢夺我们的资源，还有一些像狐狸一样狡猾的对手在随时算计着我们，有很多像狼、老虎一样凶狠的对手随时准备“吃掉”我们。要想在这个社会中远离危险，就要成为强大的狮子。但在我们还没有强大的时候，就要找一只强大的狮子做我们的协作伙伴。故事中，弱小的兔子之所以打败了强大的对手，就在于它选择了一个更强大的协作伙伴。

所以说，关键时候，选择的协作伙伴非常重要，有本事的协作伙伴能够帮助你尽快摆脱困境。陈一平就是利用这种“强强联合，往往能更快地到达目的地”的策略，解决了当时最大的师资问题。

协作箴言：强强联合，往往能更快地到达目的地。

陈一平把戚老先生招入了自己的团队后，项目就顺利地开展起来了吗？不，并没有这样顺利。那么，陈一平又遇到了什么困难呢？他又有什么其他的协作妙招呢？

策略二　优势互补，大放光彩

这天，陈一平受邀参加一个校园特色文化建设座谈会，实际上就是一个经验交流会。这个座谈会的主讲人是郭校长，郭校长谈起了他几乎无人不晓的校园“忠孝”特色文化的建设过程。他在台上把自己的一些经验和管理故事讲得非常精彩和透彻，坐在下面的各位校长也听得十分投入。但是陈一平发现自己身边的一位校长有些不对劲，他时不时地发出一声叹息，而且郭校长越讲到后面，他叹息得越频繁。陈一平心想，这位校长一定是一个有故事的人，最后终于按捺不住自己的好奇心，等到座谈会结束就对旁边的校长说："听了这么久，都到吃饭的时候了，要不我们一块到小餐馆吃顿饭，顺便交流交流吧。"这时候，那位校长才松开眉头，答应了陈一平的邀请。

饭桌上，陈一平跟那位校长聊得越来越投机，原来他是另外一个镇的李校长，两人年纪相仿，经历也差不多，难免有亲切之感。后来，李校长向陈一平坦露了他的心事。原来"忠孝"特色文化建设他在两年前就提出来了，但当时上级的支持力度不大，特别是资金的支持远远不够，这让李校长非常苦恼。后来李校长还是通过企业的赞助顺利地把"忠孝"特色文化建设起来了，一切都进行得非常顺利。然而，正当李校长准备在学校建设一个"忠孝人物广场"的时候，那位资助者临时反悔了。这下可麻烦了，在整个特色文化建设中，这一模块的建设是非常重要的，这样一来，李校长的计划就全泡汤了，项目也一直拖着没法继续进行。等他终于找到新的资助者时，才知道"忠孝"特色文化建设这个项目已经有人在进行了，而这个人就是今天讲座的主讲人郭校长。

陈一平回到学校后，由于比较忙，就渐渐把这件事给忘了。有一天，办公室的几位教师吵了起来，陈一平问了情况，才知道他们在为锣鼓文化分工事项争吵，这个月已经第三次出现这样的情况了。陈一平意识到问题来了，必须尽快制订好建设方案，以避免大家在事务中产生矛盾。但怎样才能使教师从心底配合这项校园文化建设工作呢？对于学校而言，每一位教职工的工作态度都非常重要。陈一平认为应该对教师进行思想教育，可是自己不懂得如何操作，要是能找到有经验的教师对他们进行培训就好了。陈一平忽然灵光一闪，想起了李校长。于是，他跟李校长谈了这件事，李校长非常痛快地答应帮忙。

有人会疑惑：难道只凭一面之缘，李校长就如此乐意帮助陈一平了吗？我们都知道，长久、良好的协作的前提是双方有共同的利益。那么，陈一平给了李校长怎样的"好处"呢？原来，陈一平的学校有一支远近闻名的仪仗队，李校长希望能够邀请仪仗队的指导教师到他们学校进行培训。这样一来，优势互补的协作就谈成了。

俗话说：“天生我材必有用。”但每个人都不是全才，否则就不需要团队协作了。换句话说，要想取得成功，对于自己的长处要懂得发挥，对于自己的短处要善于利用别人的力量进行弥补。

那么在协作中，该如何选择能够为自己带来互补效益的伙伴呢？互补协作真正的核心是相互协作能产生倍增效应的价值点，这个价值点在双方看来都有无穷的发展空间。我们就用这个观点来分析一下陈一平与李校长之间的协作。

陈一平所在学校的教师极少参与校园文化特色建设，大部分人对锣鼓文化也一窍不通，导致大家经常为这件事争吵不休，工作进度越来越慢，怨气也越来越重。长此以往，即使有戚老先生的加入和资金的支持，也难以办成大事。对于李校长而言，自己学校的校园特色文化建设失败了，但那已经是过去的事情了，难得陈一平没有因此看不起自己，还特意诚邀自己担任指导工作，这让李校长心存感激。不单单这样，李校长所在学校的仪仗队总是问题连连，这一直困扰着他。恰好陈一平所在学校的仪仗队声势浩大、远近闻名，有他的帮助自然能为自己的学校带来更好的发展。所以，这样的优势互补，自然让两人的协作关系迅速升温。

其实这跟进出口产业是一样的，比如，美国经济位于世界前列，高科技发展速度非常快，但美国的石油大部分依赖进口。由此看来，石油就是美国原材料的“短板”，美国工业和经济要想正常、稳定地发展，就必须借助外力，即与石油大国进行互补协作，以弥补自己的缺陷。

因此，陈一平请李校长来给教师进行培训也是一个非常正确的选择。首先，陈一平对这一模块的培训不了解，教师如何分工才能达到利益最大化，怎样才能激发教师对特色文化建设的积极性，对这些问题他都无从下手。虽然他可以慢慢去探索，但现实条件的限制不允许他这样做。通过与李校长的互补协作，恰恰能够为陈一平解决这一难题。

有人可能会质疑：陈一平找人协作，怎么不找个成功的人呢？如郭校长，这样成功的机会可能会更大。虽然李校长有一定的经验和能力，但他没成功，找他来真的会有效果吗？陈一平会不会看错人呢？

事实上，陈一平非但没有看错人，而且非常有自知之明。陈一平虽然已经担任校长有一定的时间了，学校也在稳步前进，取得了不少成绩，但是他依然是非常清醒的，他对自己的能力和学校的情况都非常了解。对郭校长这种成功人士，陈一平暂时还没有充分的条件与他谈协作。至于他邀请李校长，也不是将就。虽然李校长的“忠孝”特色文化建设项目未能成功，但他的团队连续多次被评为区、市级优秀团队。李校长学校的规模是比较小的，学生总数只有陈一平学校的三分之一，这样的学校怎能有如此大的魄力在几年前就提出了特色文化的建设项目，甚至多次获得课题立项呢？很明显，李校长学校的师资非常优秀，可谓人才济济，完全有能力指导陈一平学校的教师。

唐代史学家吴兢在其著作《贞观政要》中记载，魏徵曾对唐太宗这样说：“知人既以为难，自知诚亦不易。”意思是了解他人是困难的事，了解自己也不容易。而这两样陈一平都做到了，他在充分了解自己和协作方的情况的前提下，下定了协作的决心。

说到这里，给大家讲个故事。

一群乌鸦想彻底改变自己的坏形象，它们梦想成为鹰。

一只乌鸦前去观察鹰生养孩子，回来后告诉大家说：“不多不少，老鹰孵卵花了整整 30 天。毫无疑问，这是老鹰从小就拥有强健体魄的原因。”于是，乌鸦们孵卵也用去整整 30 天。

一只乌鸦前去观察老鹰练习飞行，回来告诉大家说：“我准确地算过，老鹰每次都一下子飞到离地数千米的高空，这肯定是它们拥有强大飞翔能力的关键。”于是，大大小小的乌鸦都努力向数千米的高空冲去，不肯停歇。可直到它们相继累死，也没有一只能飞到那么高的地方。

乌鸦还是乌鸦，它们到死也没有改变。

在古希腊一座智慧神庙的大门上，写着这样一句箴言：“认识你自己。”古希腊人把它奉为“神谕”，看作是最高智慧的象征。许多哲人都这样告诫人们，可见，自知之明是何等重要。自知之明，就是自己能了解自己，自己能认识自己。有的人可能会说：“‘我’就是‘自己’，怎能说我不认识、不了解自己呢?”其实不然。有的人可以了解他人，了解环境，了解社会，甚至了解世界，但是，就是不太了解自己。要做到有自知之明，是很难的。大千世界，茫茫人海，真正能够认识自己的人极少，不能认识自己的人却很多。要不，何以古今中外都有“人贵有自知之明”之类的劝诫呢!

民间流传着这样的一句话：“自己掂量掂量自己有几斤几两。”就是告诉人们要有自知之明，不要把自己看得太重。

有的人谈起话来头头是道，可做起事来常常束手无策，力不从心；有的人心怀鸿鹄之志，可真给他施展的空间，又往往不能尽如人意；有的人妄自尊大，目中无人；有的人故步自封，不思进取。在现实生活中，大多数人都会迷失自己，缺乏做人应有的自知之明。

通过陈一平的行为可以看出，他在选择协作伙伴时用的方法是“知己知彼，百战不殆”。人只有客观地审视自己，才能立于不败之地。有人说：“能够认清自己，就可以叫作‘聪明’。”这就告诫我们，在做事情之前，必须对自己有深刻的认识和了解。

除此以外，还要给大家一个提醒，人在取得一定成绩后不能得意忘形，在春风得意时不能趾高气扬、狂妄自大。取得胜利之后，并不是就万事大吉了。我们不可被胜利冲昏头脑，否则有可能丧失胜利的果实。说到这里，给大家讲一个“薛谭学讴”的寓言故事。

秦国有一个叫薛谭的青年歌手。为了提高唱歌本领，他便投在歌唱家秦青的门下学习声乐艺术。薛谭非常聪明好学，嗓音又格外甜美嘹亮，他的学业成绩是很优异的。学习了一段时间后，薛谭觉得自己对歌唱的诀窍掌握得已经不错了，就想辞别老师，自己去独立演唱。秦青听到薛谭讲出自己的想法后，低下头想了想说：“你的确已学得不错了，十分的技艺你已掌握了七八分，但如果能再学习一段时间，可能会更有进益。”薛谭听到老师这样讲有些不高兴，觉得老师低估了自己的能力。秦青也看出了他的心思，微笑着对他说：“好！既然你决心已下，我就不再阻拦你了。”面对自满的学生，秦青没有批评，没有制止，不仅同意了薛谭的请求，还亲自出城送别，在郊外的大道设宴为薛谭饯行。眼看薛谭就要离去，不知何日能再相聚，又想起薛谭学艺以来师徒相处的情景，秦青难以自持，取出随身携带着的一种叫“节”的打击乐器，一边演奏，一边纵情引吭高歌，把自己的伤感之情倾泻在歌声里。但见，秦青激昂的歌声把大道附近树林里的大树震荡得枝摇叶晃，秦青高亢的歌声直冲云霄，正在天空飘行的白云遭受强大有力的歌声的阻挡，只得被迫停止了游动。薛谭也被这美妙的歌声所打动，如醉如痴，好半天才清醒过来。他感动地说：“老师，您唱得太好了。”薛谭第一次亲身体验了老师的歌唱本领如此高强、技艺如此绝伦，而幡然醒悟自己只不过学到了一点皮毛，明白自己与老师的艺术境界悬殊。薛谭当即向老师认错，恳求老师允许他重返师门继续学习，最终也成了著名的歌唱家。

故事的寓意十分明显，是劝人学习应该虚心，不能稍有成就就沾沾自喜、得意忘形，说明了学无止境的道理。

人总有犯错的时候，但一定要学会反省，特别是管理者，更应该有永不自满、追求卓越的学习态度。

人在尝到一点成功的甜头后切勿得意忘形，而要保持清醒。陈一平申请锣鼓特色文化建设，受到上级的赞扬并拿到了奖金，但他并没有沾沾自喜，而是认真分析学校的优势和不足，通过与戚老先生强强联手，与李校长优势互补，促成了圆满的协作。

协作箴言：人在尝到一点成功的甜头后切勿得意忘形，而要保持清醒。

总结起来，陈一平在锣鼓特色文化建设的过程中主要运用了两种协作策略：第一，强强联合，无往不利；第二，优势互补，大放光彩。这些宝贵的经验都是我们在现实生活中需要借鉴和学习的。

第二章

“秀”出协作魅力

“同心山成玉，协力土变金。”在团队之中，协作精神尤为重要，那么如何才能提高与别人协作的效率呢？陈一平作为一个管理者，很好地提高了团队的凝聚力。是哪些妙招和策略帮助陈一平“秀”出了协作的魅力的呢？

常言道："单丝不成线，独木不成林。"意思是说，个人力量单薄，只有与他人协作，才能成就大事。一个团队中的成员如果不懂得相互协作，就难以提高工作效率。协作的力量是巨大的，一旦被开发，将会创造出奇迹。第一，协作可以充分调动团队成员的优质资源和聪明才智；第二，协作有利于拉近团队成员之间的距离，营造良好融洽的工作氛围；第三，协作能够极大地提高工作的质量和水平。一般来说，工作具有这样的规律：同样的工作量，协作的程度越高，工作的积极性越高，效率也越高。所以一个成功的管理者必须善于提高团队的协作力，才能取得成功。

不过还有一句话："一个和尚挑水喝，两个和尚抬水喝，三个和尚没水喝。"有时，尽管管理者精心安排协作分工，期望以此来提高工作效率，减轻团队成员的工作负担，但让人困惑的是，这样的安排非但没有使他们的工作进度加快、工作质量提高，反而使团队成员的工作效率降低了，积极性也减弱了，这是为什么呢？面对这种情况，我们应该采取怎样的应对措施呢？我们来看看陈一平是怎么做的。

关于这个话题，我们要从陈一平的父母对他的影响谈起。

有句话说"父母是孩子的第一任教师"，意思是说父母对孩子的成长来说是非常重要的。陈一平的父母都是任教几十年的老教师，对陈一平选择从事教师职业和当校长有一定的影响。陈一平的父亲是一位骨干教师，后来担任校长，其教学水平、管理实力在当地是数一数二的，学生的家长也经常把陈一平的父亲当作榜样来教育自己的孩子，希望孩子将来也能成为像陈一平的父亲那样的人。尽管在外人的眼里，自己的父亲被看作一个非常了不起的人，但年少的陈一平丝毫不觉得父亲有这样大的魅力。直到有一个周末，刚上初一的陈一平刚回家，母亲就摆上了一大桌丰盛的饭菜。那时候的陈一平是寄宿生，每周才回家一趟，因此，每逢周末，家里的饭菜都特别丰盛，今天也一样。可不一样的是，平时都是一家三口共聚桌前，今天，母子俩都已经吃完饭了，陈一平的父亲还没回家。陈一平感到奇怪，便问母亲，母亲皱着眉说："有一个孩子被父母骂哭了，下午就离家出走了，直到现在还没被找到。你父亲出去帮忙找孩子了，已经去了大半天了。”那天直到晚上10点多，父亲才拖着疲倦的身子回到了家。在陈一平眼里，父亲虽然有着校长这一头衔，可他从不觉得父亲与普通人有什么不同。可从这件事中，陈一平第一次体会到父亲作为校长所肩负的责任。随着年龄的增长，陈一平与父亲的交流越来越多，渐渐立下了当校长的志愿。不过，除了受父亲的影响以外，他选择当校长还有另外的原因。

陈一平刚工作时，曾遇到一个贵人，这个贵人就是他的上司——黄校长。刚毕业不久的陈一平只是个初出茅庐的数学教师。当时的他胸怀大志、勤奋好学，时刻要求自己尽力把每件事都做到最好。因此，年纪轻轻的他就被大多数学生所喜爱，被很多同事所赞赏。除此以外，他非常善于学习，对教学上的事情处处留心，只要学校有公开课，他都去观摩学习。就在这个时候，他人生的第一位“伯乐”黄校长出现了。黄校长是个惜才之人，他很快就发现陈一平是一匹“千里马”，于是把陈一平当作学校骨干力量进行培养。就这样，在短短的几年时间内，陈一平在黄校长的栽培下渐渐成长起来了，后来也走上了行政管理的道路。

当然，这些还都只是表层原因。真正让陈一平成为注重协作的管理者的还有一个更为深层的原因。陈一平担任校长的学校正处于他所生长的地方，他对那片土地、那所学校和那些学生都充满了深厚的感情。所以，他强调在管好学校之前，首先得把人管好，首先把这一片土地上的人团结起来。

陈一平担任校长后不久，就遇上了一次学校评估。当时的师资和资金都非常紧缺，陈一平认为，要顺利完成这次评估，唯一的方法就是充分调动教师的力量。为了节省经费，陈一平要求所有教师在做好自己的本职工作的同时，还要根据自身的特长兼顾一些工作。比如，电教室非常陈旧，需要对其进行重新设计和改造，陈一平让几位骨干教师提出设计方案；学校需要布置展览室和建设校园文化长廊，陈一平号召所有懂得艺术的教师都发挥所长，共同布置展览室并指导学生制作艺术品。此外，为了尽快提高教师队伍的整体素质，陈一平提出了“以老带新”的方法，就是让老教师与新教师根据各自的个性、意愿进行组合，互帮互学。

尽管这个计划看上去非常完美，但是单单有计划是难以从根本上解决问题的。陈一平想要打赢这一场仗，首先要考虑教师的意愿，而老教师的意愿是实施这一计划的首要条件。为什么呢？因为学校的大部分教师都是老教师，由于多年教学，产生了职业倦怠，缺乏教学激情。同时，陈一平是刚上任的校长，还没有建立起很高的威信，这次评估大大增加了教师们的工作量，大家更是相互推托，不愿接受安排了。

所以，陈一平要想在这次评估中充分调动起教师的积极性，有一定的阻力。他找了几个关系比较好的教师帮忙，以求调动全体教师的积极性，但成效依然不大。

更麻烦的是，在陈一平忙着应对评估的时候，有一位家长来学校闹事。这位家长的孩子在学校与别人打架受了伤，回家后，家长发现了孩子身上的伤口，孩子由于担心被责骂就没敢说实话，而说是在教室里被同学碰摔了，班主任却没有管。家长不禁火冒三丈，第二天就跑到学校投诉来了。其实这个孩子的班主任是一位经验丰富的教师，担任了多年班主任工作，从来没有出过差错。这次出现这样的问题，最大的原因是学校忙于评估，她增加了好几门综合课程，这样一来，她的精力就不足了，对班级情况也难以及时进行了解。虽然经过解释，这个误会被解除了，但当时这件事对于陈一平而言，无疑是雪上加霜。

眼看着离学校正式评估的日子越来越近，陈一平更是焦急了。忽然，他想起自己当副校长的时候曾经结识了一位朋友张校长，前几年他所在的学校已经通过了评估。陈一平马上打电话向他求教。正是这一通电话，解决了陈一平的燃眉之急。张校长为陈一平提供了很多有关评估的资料和信息，还派了三位富有经验的教师给陈一平所在学校的教师进行培训，在短短两周内，使得这些教师的工作效率得到了大幅度的提高。此外，张校长还给陈一平介绍了几位建筑工人，针对校园进行了适当改造。就这样，陈一平顺利地通过了这次评估。

虽然在整个评估的过程中，陈一平表现得不尽完美，但这件事情结束后，陈一平总结了经验，认为应该对年轻教师多加重视与大力培养，以增强学校的活力，推动学校的发展。

当学校稳步前进的时候，陈一平却不知道一场人事危机正在渐渐逼近。这一年，市里举行了一场重要的学科教学比赛，陈一平推荐了几位新教师参加，其中一位教师取得了第一名的好成绩，其他两位教师分别取得了第七名、第九名的成绩。历年来，学校年度考核都有四个"优秀教师"名额，是奖金最多、荣誉最高的奖项。当时，陈一平为了鼓励新教师发展，把其中三个名额给了参加学科教学比赛的新教师。就这样，一下子点燃了教师间的矛盾导火线。陈一平深知这类事情的复杂性，把这个问题看在眼里，记在心上，但脸上并没有流露出来。

陈一平是如何知道这种矛盾冲突的复杂性的呢？是因为之前发生的一件事。学校有一位资格很老的杨老师，他曾经跟陈一平同时担任副校长职位，而且两人同时成为竞争校长职位的候选人。后来，陈一平担任了校长，杨副校长一直心有不甘。杨副校长从学校创办起就开始在该校工作，大家对他都非常敬重。我们都知道，20 世纪 70 年代以前很少有经过正规师范教育的教师到镇上工作，大部分教师都是由民办教师转正的。随着年龄的增长，这群老教师逐渐失去了工作热情，学习能力跟不上，也难有教学上的创新与发展。要想使学校有所发展，首先要解决这群老教师的专业水平问题，而杨副校长就是这群老教师的领头人。而且杨副校长这个人重义气，谁跟他关系好，他就护着谁，于是，在学校里形成了以他为中心的小团体。

陈一平担任副校长的时候，就曾经遇到这样一件事情。当时的校长在主持制订奖励制度时，没有很好地权衡到新老教师的教学成绩差别，也没有考虑人气因素。那时候，每年的评选结果都由全体教师投票得出，一般来讲，大部分老教师的教学成绩都会比新教师好，人气也比新教师高。这样一来，几乎每年的"优秀教师"名额都被杨副校长小团体中的几位老教师包揽了。结果不到两年，新教师就像泄了气的气球一样，失去了刚入职时的希望和热情，而那几个老教师也自以为没人可以超越自己而放松了，最终学校发展得越来越缓慢，越来越保守。经过一段时间的思考，当时的校长决定重新制订奖励制度。

那位校长是一个懂得顾全大局的人，他并没有直接指出老教师之间相互拉拢的行为是不对的，毕竟他们在学校已工作多年，自尊心强，辈分也高。于是，他就把年度考核的方式改为成果汇报，再进行公开评选。这样的政策一公布，新教师就精神焕发了，他们把班级管理情况、教学成绩、科研成果等制作成精美的课件，在汇报时一一展示，让大部分老教师不得不服。在这样的汇报形式下进行评选，大家就难以进行投票作假，毕竟汇报成果的优劣是有目共睹的，一贯靠小团体拉票的几位老教师要想再作弊也难自圆其说。

这一事件给陈一平两点启示：第一，对待老教师，既要充分发挥他们的优点，又要对他们有所限制；第二，新教师是团队中的“活水”，要善于保护这一“活水”并好好开发其潜能。

管理者即使能力再强，也难以事事亲力亲为，因此，他们身边总有几位“能将”。这几位“能将”既能帮助管理者成就大业，又可能威胁到管理者的管理地位，造成不可收拾的局面。

人们常常强调做事需要懂得放权、收权，就是说千万不要轻易让人掌握过分集中的权力。关于这个方面的例子有很多，下面给大家讲讲一位国际著名模特的故事。那时候的她正处在事业的最高峰，她的经纪人是她最亲密的人。因为刚出道的时候她工作不顺，欠债累累，而她的经纪人帮她解决了很多的问题，所以她非常信任她的经纪人，待其如亲人一般，大事小事都与其分享，甚至很多私事也与其商量。结果，这个经纪人以劝说她把钱拿去投资为借口，将她的钱全部骗走，并向报社公开她的私密生活，以获取钱财。

我们身边也经常出现此类事件。有的下属办事能干，能力出众，长期得到领导的重用，并成为领导的心腹。与领导过分亲密的关系，让他们对领导毫不惧怕，再加上领导给予的权力越来越大，自然而然形成了“一人之下，万人之上”的心态，其野心也越来越大，经常利用职权办私事，结果常常把整个工作和人事关系弄得很糟糕。

待人就像放风筝一样，应该有收有放。一味地放绳子，则难以把握风筝的走向；过分地拉紧绳子，风筝则难以高飞。同理，领导对待有经验、有能力的下属，要给机会让他们表现自己，发挥他们的特长，帮助他们成就事业，但在重大事情中还是必须把大权掌握在自己的手上，同时对这种类型的下属，要密切注意其行为变化，避免其有滥用权力的机会。

我们处在人际关系网之中，要学会信任、善用人才。但信任、重用都是有条件的，那就是必须在领导能够掌控的范围内，并不是什么事情都放手让自己能干的下属干就是重用。同时，对权力越大的下属，要求就越要严格，切忌丧失领导的威信，否则最终会酿成下属目中无人的糟糕局面。

陈一平在这一方面就做得非常好。曾经担任过副校长的他，当然知道这类问题的严重性。他在担任校长后，对老教师有所约束，同时又创造了一定的机会让他们得以表现自我，以稳定他们的情绪，激发他们的热情。

在当今社会，对人才的利用固然重要，充分了解下属的优缺点，根据他们的优缺点分配工作则更重要，这样才能够发挥人才的特长，提高工作的效率。可是要想使整个团队协调一致，彰显协作的魅力，单单靠对个别成员的了解是远远不够的。那么，为了更好地拉近成员间的距离，加强成员的协作意识，陈一平又有什么妙计和策略呢？

策略一　授权分权，层次分明

陈一平虽然有当过副校长的经验，但担任校长这一职位所需的管理能力还是有所欠缺的，因此他特意找了一些教育管理方面的书籍来研读，以提升自己的管理水平。其中有这样一个故事让他深受启发。

故事中的卢校长跟陈一平一样，也是刚进入学校不久，需要物色几位良才猛将帮他出谋划策。因此，他多次招聘人才，希望能够找到几匹“千里马”。皇心不负有心人，当时有一位名叫张利的教师找到了卢校长，希望能给他一个一展才华的机会。张利是一位经过师范大学专业训练的教师，有过几年带毕业班的经验，后来因为不满意原来学校的待遇就辞职了。卢校长交给了张利几项任务，张利都非常出色地完成了，所以卢校长就把他留在了学校工作。

张利刚到学校的那几年，取得了非常好的教学成果，后来升为教导处主任。他之前的那位教导处主任工作态度比较散漫，而且经常对这一职务所需处理的各种烦琐之事产生抱怨。甚至有一次，一位待产的教师已经开始休产假了，可是在编排课程表的时候，那位教师的名字依然出现在课程表上。而这个时候，张利非常懂得处世，他和那位休产假的教师都是数学教师，他就自告奋勇地提出由他来替那位教师上课。

这一件事让张利得到了大部分教师的认可，同时也成就了他。他用的这个策略叫“吃亏往往能够为成功创造更多的机会”。

协作箴言：吃亏往往能够为成功创造更多的机会。

做人如此，做事更应这样。举个例子，不少商家总是竭尽全力维护着自己眼前的利益，生怕吃一丁点亏，殊不知在拒绝吃亏的同时，利益也悄无声息地从身边溜走了。相反，有的人看上去很不精明，总是被别人占便宜，吃了不少亏，最终这样的人却往往会名利双收。日本的一家连锁药局的经营模式很具独创性，药局老板将当时市场上售价很高的膏药以低于成本价的价格卖出，因此天天门庭若市。本来这样做会使销售赤字越来越大，然而整个药局的经营反而出现了前所未有的盈余，这是因为前来购买膏药的人几乎都会顺便买其他的药品。该药局老板就是靠着其他药品的利润，不但弥补了膏药的亏损，而且使得药局的生意日益兴隆。消费者从他这儿得到的便宜，成了他获取更多利润的诱饵。从这个故事中，我们也能受到启发。

当然，故事中的张利能够在短时间内得到教师的认可，当然不仅仅是靠代上几节课。张利接手了那位待产教师的数学课后，非常用心地上好每一节课，学生对他的评价都非常高。不单单这样，期末考试后，张利所教的那几个班数学成绩都居于年级前三位。就这样，他被越来越多的教师和领导所关注了。

张利当上了教导处主任以后，不单把教导处主任的本职工作完成得特别完美，更重要的是，他使两位副校长的僵化关系也得到了缓解。卢校长手下的两位副校长各有亮点，其中梁副校长的能力比较强，野心比较大，所以一直看不起蔡副校长。但是，卢校长对诚实稳重的蔡副校长更有好感。有一次，卢校长派梁副校长参加市教育局组织开展的研讨会议，梁副校长非常高兴，因为这是一个非常难得的机会。但在开会的当天，张利接到了梁副校长的电话，原来梁副校长把发言稿忘在了办公室，让张明给他送去。但是张利此时在上课，一时难以走开，更重要的是，当时张利还没有自己的车，要是跑到镇上打车过去，肯定赶不上，最后可能会被责备。这时候，他想到了蔡副校长，他了解蔡副校长的性格，为人比较低调，不争功，而且蔡副校长曾经跟张利提过希望找个机会跟梁副校长好好沟通。在这里，有一个管理策略值得大家借鉴，叫作“以退为进”，也就是说，有时候我们适当地放低身段，做出退让，能够让事情简单化，从而更顺利地解决问题。

协作箴言：适当地放低身段，做出退让，能够让事情简单化，从而更顺利地解决问题。

现在，两位副校长和好的机会来了。蔡副校长亲自把发言稿带给了梁副校长。梁副校长在这次会议上表现得非常好，心里非常高兴，后来特地向蔡副校长表示了感谢。这件事让两位副校长的紧张关系有所改变。同时，张利与两位副校长的关系也越来越好了。

张利被大部分教师所认同，被大部分学生所喜爱，同时又得到了两位副校长的欣赏，而卢校长也对他十分倚重。

张利非常聪明，也十分能干，但他的野心很大，再加上近几年他步步高升，更是得意忘形。

在现实生活中，有相当一部分人不懂得谦虚谨慎，低调做事做人。有了一点成绩，有了一点权力，就开始飞扬跋扈、狂妄自大。其实，人在功成名就时更要保持平常心，不要恃才傲物，取得成绩时更要感谢他人、与人分享、为人谦卑。如果你恃才傲物，看不起别人，那么总有一天你会独吞苦果。请记住：恃才傲物是做人一大忌。而虚怀若谷比目中无人更有助于问题的解决。随着私欲的不断增加、野心的不断扩大，这些人往往容易碰壁，甚至造成不可挽回的局面。那么，张利的骄傲自满最终酿成了什么结局呢？

有一个从学校毕业多年的人，虽然上学时成绩不行，但十分有商业头脑，毕业后赚了不少钱。他心念母校，还记得当年学校老师对他的关心，就给母校捐了几万块钱，赞助母校修建文化长廊。后来又过了几年，这人因为自身的问题犯了罪，被判处十年有期徒刑。他的父母想，自己的儿子一直以来做了不少善事，资助了很多贫困生，赞助了很多学校，就希望这些受过帮助的人和单位能够签个名跟法官求情，尽可能帮助他减轻刑罚。当这个人的父母赶到学校的时候，校长刚好不在，副校长也外出开会了，于是找到了张利。万万没想到，张利竟然在没有得到校长和副校长同意的情况下，直接把名签了。

从这件事中可以看出，张利有几点问题：第一，狂妄自大。自以为凭着聪明才智受到校长的器重，就可以擅自行事，不把上级放在眼里。第二，对自己能力过分高估。中国的古训常说：“君子谦谦，温和有礼，有才而不骄，得志而不傲。”这样才能不断完善自身，向前发展。在这件事上，张利认为自己的决定是正确的，甚至还抱有事后被赞赏的期待。但他忘了，在管理中，越权是大忌，更何况这次的越权行为为学校的声誉带来了极大的负面影响。

由于教育局认为虽然那个人曾为学校捐款，他的善心的确值得称赞，但是他犯罪也是事实，所以为了更好地保全学校的声誉，应尽量不涉及这件事，也就是说，这名签不得。对于卢校长而言，虽然签名的不是自己，可是签名的是自己学校的人，因此受到了上级的责备。而张利则被认为不再适合担任教导处主任，由于卢校长念旧情，就让他重新做回数学教师。

陈一平看到这个故事后，受到了很大启发。他认为授权分权对于管理工作的开展十分重要：一来可以发挥下属的聪明才智，二来可以减轻上司的工作负担。但授权分权要注意主次分明，否则就容易出现授权失衡的问题。领导者如果想使授权有效和体现出成果，必须对授权对象精挑细选。被选中的人应具备以下素质：有职业道德，善于灵活机智地完成任务，有开创能力及协作精神，善于思考。但领导者不管如何分权，都要注意权力的大小和授权方法。

因此，陈一平在担任校长后，对授权对象的选择十分谨慎，对各级人员权力的使用范围也十分明确。有一次，一位家长要求副校长帮忙为自己的孩子写一封推荐信。因为这位家长的工作要调动，全家要搬到别的市区，孩子也只能转学了。为了让孩子能够进入更好的学校，家长希望学校能够为孩子写一封推荐信。而从成绩单来看，这个孩子的成绩也确实是非常不错的。但副校长一直不肯写这一封推荐信。因为副校长从没教过这名学生，对他并不了解，更重要的是，在教学问题上，一般都是由教导处主任处理的，而当时教导处主任正在开会。副校长在不了解具体情况的状况下，实在不宜擅自为学生写推荐信。因此，这位副校长就陪着家长聊天，直到教导处主任开会结束，才由教导处主任把推荐信写好。处理同类的事情，我们可以看出陈一平的下属与张利的区别，这就是授权分权层次分明的管理效果。

我们可以看出，这位副校长比张利要高明得多。这也启示领导者在对下属的管理上，尽管要对下属非常信任，也要懂得制约和监督。不管下属的能力再怎么强，也应该遵守最基本的做事原则——不越权。

我们知道，学校的管理涉及方方面面，要想使整个团队成员协作无间，除了处理好权力的分配外，陈一平还有什么妙招呢？

策略二 老臣新秀，和而不同

陈一平工作的学校是一所已有近百年历史的老校，传统守旧的气息笼罩着整个学校。因此，刚担任校长的时候，陈一平首先计划改造校园的环境。他挑了个云淡风轻的早晨，约了几位老教师和几位刚入职不久的新教师一块在校园里散步，一边散步一边讨论校园状况。当他们经过学校围墙时，陈一平马上指出这围墙年久失修，已经出现了大量的裂缝，为了安全起见，必须把围墙尽快修好。但如何维修才能达到物尽其用，做到尽善尽美呢?

一位老教师马上说："直接找人把破损部分修好就行了，我认识一位泥水工，一定能省不少钱。"听他这样一说，几位老教师就纷纷附和说："就是上次帮忙修教室的那位师傅吗?他干活很不错，校长您就放心找他办吧。"

陈一平并没有全盘接受他们的建议，而是说："这的确能给我们修围墙带来不少方便，但我认为大家还能想出更好的办法来。"他看了看旁边一直默默不语的几位新教师，问道："你们有什么想法吗?"

刚说完话，便有一位新教师提出："我们能不能在修葺围墙时，趁机把它做成宣传栏呢?"陈一平见新老教师都提了意见，就让大家先回去考虑考虑，在周一的行政会议上再进一步讨论。

在周一的行政会议上，他提出了两套方案：第一套方案是直接将围墙的破损部分修好即可，第二套方案是把围墙的破损部分修好后，再对它进行整体装饰。投票结果显示，大部分教师选择了第二套方案。于是，陈一平马上在会议上对工作进行安排，把请泥水工的任务交给了老教师，把围墙设计的任务交给了几位年轻教师和一位骨干美术教师。这样既尊重了老教师的提议，又为新教师创造了表现的机会，最后的整体方案获得了全体教师的一致认可。之后，陈一平借着这一良好势头，相继对学校的环境进行了大改造，由于成效显著，受到了学生、家长及上级领导的称赞。这样一来，老教师对陈一平就更为尊重，新教师对学校的发展也更有信心，大家都对陈一平更为信任了，工作也更加富有激情和创造性了。

在校园改造的过程中，陈一平又做出了一个让人费解的举动：把李老师的科组长职务撤了下来，安排他到新组建的仪仗队里去。其实陈一平很清楚，李老师的专业知识很强，能力上是绝对能胜任科组长这一职务的，但他比较独断、专横，不喜欢听取别人的意见，总觉得自己比其他人强，从这一方面考虑，他确实不适宜担任科组长一职。据陈一平了解，李老师对仪仗队这一领域的管理一直很有兴趣，在以往的学校活动中常常担任主持人。陈一平灵机一动，就让李老师专门管理仪仗队。仪仗队差不多有两百人，规模相当大，经常受其他单位邀请表演，而且与科组长那枯燥沉闷的工作相比，管理仪仗队无疑更有吸引力，因此李老师欣然接受了新工作。更令人欣慰的是，李老师与仪仗队的一名刚刚工作的音乐教师相处得很好，还夸奖这位新教师富有朝气。李老师虽然对仪仗队非常感兴趣，但毕竟不是专业的，对很多东西不是十分了解，与音乐教师协作，可以让他学到很多东西，工作也就更加得心应手了。

从这两次决策中，我们能看出陈一平非常注重新老教师的分工配合。只有把新老教师之间的距离拉近，才能更好地进行工作上的相互配合，取得更好的成绩，这样的领导方式无疑是高明的。但是，每次调整工作，为什么陈一平要顾忌再三呢?

其实陈一平很清楚，虽然他当了校长，表面上老教师对他恭恭敬敬的，但其实他们并没有真正心服于他，特别是对他的教学改革措施，有些老教师公开或在背地里表示不满和反对。因此对待这些“老臣子”，陈一平一般都会通过合适的机会，让他们找好自己的位置。而要想让新教师迅速地成长起来，除了为他们创造锻炼机会外，更重要的是为他们找到能够带领他们的优秀导师，这个导师就是学校里的骨干老教师。因此，要想让老教师欣然地接受新教师，真心诚意地教导新教师，帮助新教师更好地成长，就要尽可能地保全老教师原本的地位和利益。同时，通过新老教师组合，改善老教师朝气不足的缺陷。而且，老教师的年龄偏大，对较为新颖的教学方式和教学手段的学习能力、接受能力比较差，通过新教师的帮助，将得到改善，从而达到“老臣新秀”和而不同、相互促进的效果。

这就是陈一平采用的策略，即极力为新老教师创造协作机会，使二者相互学习，达到和而不同的效果。

在一个团队里，老员工常常因为自己在团队的地位较高或工龄比较长或贡献较大而表现出一种优越感。正因为有这样的观念，导致他们自视甚高，甚至不把领导放在眼里，经常在背后搞小团体，与新同事发生矛盾。陈一平深谙这个道理，就想方设法团结大家，避免拉帮结派的情况发生。

列宁说：“劳动者的组织性、纪律性、坚毅精神以及同全世界劳动者的团结一致，是取得最后胜利的保证。”这句话对于对“老臣新秀”的管理同样适用。

什么叫作“组织性”？就是领导者要有良好的领导能力、组织协调能力，擅长以灵活的方式整合团队资源。这一点是从领导者的角度考虑的，要让下属团结协作，首先领导者要有一定的组织智慧。

什么叫作“纪律性”？纪律是相对于规则而言的。孟子说：“不以规矩，无以成方圆。”毛泽东同志指出，“加强纪律性，革命无不胜”。要让下属听从安排，按规定办事，必须提高他们的纪律性，这样在团结协作中就能避免他们因受情绪干扰而影响工作的情况出现。

至于“坚毅精神”，指的就是坚定而又有毅力。不管“老臣”还是“新秀”，要让他们能够一拍即合，首先要使他们端正态度，有坚定的协作信念，不怕吃亏，谦虚好学。

陈一平虽然也想尽快对学校进行改革，尽快把教师的力量扭成一股绳，但他知道在管理中“欲速则不达”。

古代有一个年轻人想学剑法。于是，他向一位当时武术界最有名气的老者拜师学艺。老者把一套剑法传授给他，并叮嘱他要刻苦练习。一天，年轻人问老者：“照这样练习，我需要多久才能够成功呢?”老者答：“三个月。”年轻人又问：“假如我晚上不睡觉来练习，需要多久能够成功?”

老者答："三年。"年轻人吃了一惊，继续问道："如果我白天黑夜都用来练剑，吃饭走路也想着练剑，又需要多才能成功?"老者微微笑道："三十年。"年轻人愕然……

我们在生活中要做的许多事情同样如此。欲速则不达，遇事除了要用心、用力去做，还应顺其自然才更容易成功。

子夏是孔子的学生。有一年，子夏被派到莒父去做地方官。临走之前，他专门去拜望孔子，向老师请教说："请问，怎样才能治理好一个地方呢?"

孔子十分热情地对子夏说："治理地方，是一件十分复杂的事。可是，只要抓住了根本，也就很简单了。"

孔子向子夏交代了应注意的一些事后，又再三嘱咐说："无欲速，无见小利。欲速，则不达；见小利，则大事不成。"

孔子告诉我们：做事不要单纯追求速度，不要贪图小利。单纯追求速度，不讲效果，反而达不到目的；只顾眼前的小利，不讲长远利益，那就什么大事也做不成。

陈一平非常清楚，对待新老教师的关系必须逐步推进，不能着急。

策略三　团结改革，焕然一新

这一天，陈一平看着这次优秀公开课的决赛名单，陷入了沉思。这已经是市级优秀公开课比赛举行的第二年了，陈一平所在的学校却还没有一位教师能够闯入决赛。陈一平马上找来各位科组长商量对策，并把名单给大家看。大家纷纷叹息，也深深体会到陈一平的忧虑。陈一平要求各科组长考虑如何改变这种局势，大家七嘴八舌地提出了各种方法。

英语科组长黄老师说："我们学校很多骨干教师都参加过这类比赛，可是都没法进入决赛，我们反思过原因，就是我们的教学创新性不够。"陈一平点了点头问："你认为应如何提高教学创新性呢?"黄老师接着说：

“我们这些老教师要突破过去几十年所用的传统教法的确不容易，现在情况比较严峻，我认为让年轻教师来承担这个任务比较容易取得成效。”

这时候，黄副校长说：“我比较赞同黄老师的这种说法。”接着他谈起了这样一件事。黄副校长经常巡堂，有一次经过三年级（1）班的门口时，听到学生在唱英语歌曲，就悄悄地站在后门观察着。原来学生刚刚学习完一个单元的新单词，年轻的英语教师让他们以小组为单位，把一些比较难的单词编成英语歌曲，并演唱给大家听。学生觉得这样很有趣，一下子提高了学习积极性，连以往常常打瞌睡的那几个学生也精神十足。

陈一平听了，高兴地问：“大家有发现类似的事情吗？”数学科组长李老师说：“其实我们科组的陈老师在前两个月跟我谈过‘小数的学习’的教学，我觉得挺新鲜的，但是由于要用好几节课的时间，我就直接否定了。”

陈一平说：“看来我们学校对创新型教学的确还没重视起来，现在我们已经发现问题所在了，大家有什么好的解决方案呢？”

经过大家的讨论，最后总结出几个方面的建议。首先，学校要重视课堂教学，力求每个学期都开展各科优质课比赛，激发教师的教学热情。其次，尽量给教师提供培训机会，使教师学习先进的教学理念。另外，为了更好地应对下一年的市级优秀公开课比赛，应选一批有潜质的教师提前进行培训。

陈一平觉得大家讲得挺有道理，就在会上分配了任务。

凭着显著的教学成绩，刚从农村学校调来不久的教英语的肖老师代表学校参加比赛。为了上好公开课，在大半年时间里，肖老师几乎参加了市区所有学校的教学开放日，参加了市教育局举办的多次培训，终于在镇上多所学校的教学比赛中脱颖而出，代表镇参加市级英语教学比赛。当大家都期待肖老师在比赛上大放异彩的时候，危机却悄悄逼近。比赛中，一开始一切都十分顺利，因为学生非常活跃，回答问题也十分流畅。然而正是由于特别顺利，肖老师讲完所有内容后还有十分钟才下课，她一下子就蒙了，只好匆匆宣布下课。陈一平暗自叹息，但他知道上好一堂优质课是非常不容易的，这需要更加努力。之后，陈一平不但没有批评肖老师，反而鼓励她进行更深入的探索和尝试。第二年，肖老师再次代表全镇参加全市的英语教学比赛，这次，她终于获得了第一名。

在教学比赛中，学校涌现出越来越多表现出色的教师，这就是团队成员“团结改革，焕然一新”的最好体现。领导者要让自己的团队达到这样的效果，要注意以下几点。

第一，要善于倾听。倾听不是单纯“听”，要同时做出智力和情感的反应，虽然在倾听的过程中以诉说者为主，但倾听者也要有所反馈。这样下属才能更乐意向领导者表达自己的看法。

第二，要信任下属。工作分配好之后，要把权力真正授予下属，领导者可以静观其变，但切忌过分干扰下属的工作。

第三，要宽容待人。领导者在协调各种矛盾的过程中，应力求做到尊重、信任和体谅下属，对下属的意见和设想要予以重视，对下属取得的成绩要多加表扬，提出下属的不足时，以建议为主，切忌过分批评或恶语相加。

第四，要胸怀大局。这是最关键的一点，领导者要时刻关注整体局面，做好规划，防止团队成员出现较大的矛盾和冲突。

这几点，陈一平都做到了。所以在工作安排上，陈一平花费的力气越来越少，虽然团队内部偶尔也会发生矛盾，但是由于陈一平一向秉着公正、公平、公开的原则进行处理，所以大家都心悦诚服。陈一平也渐渐地成了大家的亲密朋友。

第三章

人力资源管理秘诀

对于团队管理而言，人力资源管理是指通过对人和事的管理，处理人与人之间的关系、人和事的配合，充分发挥人的潜能，并对团队的各种活动予以计划、组织、指挥和控制，以实现组织的目标。领导者通过对“人力”这种重要资源加以开发、激励，能够使团队成员积极、主动、有创造性地开展工作。在这一方面，陈一平做得非常好。作为团队的“领头羊”，他究竟运用了哪些高人一筹的谋略和智慧呢？

在人力资源管理领域，大致可以分为处理、管理和领导三个层次。如今，随着人才的多样性发展，人力资源管理的重要性和难度都变得更大。如果管理者不重视，或者定位不恰当，就很容易影响团队的整体发展，轻则难以发挥团队成员的主观能动性，重则影响团队和谐，降低工作效率。那么，领导者到底怎样才能了解团队成员各方面的知识结构和能力，充分利用现有资源，培养出一支灵活、高效的团队呢？

陈一平非常有智慧，在十多年的教育管理岗位上，无论是对人还是对事，都拿捏得非常到位，既能巧妙地调整人力资源的分配，提高团队的协作力，又能在团队中树立亲民的形象。我们来看看陈一平的管理秘诀到底是什么。

“人力”永远是团队的第一生产力。提高团队生产力的方法有很多，其中被使用得最广泛的就是激励策略，尤其是在团队成员正处于上坡路与下坡路的关键时期时，激励策略的使用效果就更明显了。我们可以想象一下，作为下属，你正困在自己的瓶颈期，领导给予你激励，无疑就像给你打了一剂强心针，或许就能助你突破瓶颈；在自己事业的滑坡期，领导及时给予关怀和激励，无疑是雪中送炭，能让你看到前方的光明。其实，激励机制除了在这两个关键时期起作用，在日常管理中也会对人产生极大的影响。我们都知道，每天烦琐的工作会让人产生极大的压力，积累负面的情绪，最终影响工作的效率。要改善这种状态，成本最低、效率最高的方法就是采用激励手段。

所以，在现代教育管理中，要提高教师的士气，激发教师的战斗力，在短时间内把团队的活力焕发出来，激励是最好的催化剂。

协作箴言：要提高教师的士气，激发教师的战斗力，在短时间内把团队的活力焕发出来，激励是最好的催化剂。

美国心理学家威廉·詹姆斯指出，按时计酬的员工仅能发挥其能力的20%～30%，而受到充分激励后其能力可发挥至80%～90%。这就是说，同样一个人在通过充分激励后所发挥的作用相当于激励前的3～4倍。

美国心理学家和行为科学家维克托·弗鲁姆提出了著名的期望理论。该理论认为，人的积极性是建立在人对未来目标期望的基础上的，个体的行为取决于对行为结果引起的满足感的期望。根据这一理论，领导者用可望可及、经过奋斗可以达到的目标对下属进行激励，往往会收到很好的效果。

美籍华人物理学家钟致榕在他中学时代有过这样一段经历：当时社会风气不好，很多学生都受到了不良的影响，变得不求上进，考试作弊。一位责任心很强的教师为了改变这种情况，就从300人里挑选了60人组成“荣誉班”，钟致榕就是这个班的成员。“荣誉班”的学生被告知，他们是因为有发展前途才被挑选上的。他们很高兴，对自己的前途充满信心。奇迹出现了，若干年后，这个班的大多数学生都取得了成就。后来钟致榕才知道，那60名学生只是教师随意抽取的。自然，这样的例子在生活中并不多见，但道理十分明显：对学生来说，教师寄予的期望越高，他就学习得越勤奋；同理，对下级来说，领导寄予的期望越大，他向上的信心就越足，行动也越主动。这就是期望的作用。

优秀的学校领导者应该懂得如何点燃教师的热情之火，激发教师团队的潜在动力。当然，要达到事半功倍的效果，单一的激励法是难以奏效的，领导者需要学会运用多种方法来激励具有不同需求、不同特点的教师，这样才能达到预期目标。在教学工作中我们不难发现，大部分教师都会遇到教学成绩压力、人际关系压力、申报职称压力、工作指标压力等，但面对这些压力，不同的人采取的态度和应对的方式是有所不同的。有的人能够从容应对，并不断取得进步，领导者对这一类人自然是比较放心的，但并不是每个人的自我管理能力都如此强，所以领导者必须有充分的准备，以便对症下药。

另外，一个有经验的领导者对下属的激励不在于多，而在于精。过于频繁的激励，作用会大大减弱，甚至没有作用，而过于笼统的激励也产生不了刺激作用，应尽量少用。在对教师采取激励手段时，最尴尬的结果就是“想尽办法激励下属，反而换来人心离散”，根本原因就是方法不对。所以，领导者在对下属进行激励之前，必须做好准备工作，对当事人的性格特点、事情发生的经过和结果等进行深入了解。

陈一平在教学管理第一线这么多年来，尽管遇到了不少人力资源管理方面的风波，但他依然挺立潮头，应用的就是激励手段。那么，他是如何发挥激励的作用的呢？下面，我们从一个故事说起。

在陈一平还是副校长的时候，有段时间他发现毕业班的一位班主任蔡老师总是恍恍惚惚、心不在焉。一天，陈一平像往常一样随机到教室听课，刚好走进了蔡老师的数学课堂。陈一平一直都非常欣赏蔡老师的课，认为他善于调动学生的积极性，而且教学语言风趣幽默，具有自己的特色。但那天非常奇怪，整节课下来，蔡老师非但没有幽默风趣的语言，而且一直板着脸，甚至有学生在黑板上做错了几道题他都没发现。下课后，陈一平并没有直接去找蔡老师，而是像往常那样从后门静静地离开了。

周五最后一节课的下课铃响了，预示着一周的工作结束了，同时六年级的数学单元测试成绩也出来了。陈一平向六年级的科组老师要来了成绩单，正如他预料的一样，蔡老师带的班级的排名从上一次的第一名掉到了倒数第二名。陈一平认为，他必须跟蔡老师谈谈了。但他知道，领导与下属谈话是有学问的，单刀直入有时候并不是最好的沟通方法。陈一平在等待一个机会。

一天傍晚下大雨，有一些教师没带伞，被困在了学校，其中就包括陈一平和蔡老师。于是，陈一平趁机约蔡老师一起吃饭。尽管蔡老师猜到了陈一平的用意，但还是爽快地答应了。在饭桌上，蔡老师频频叹气，陈一平还没开口询问，蔡老师就已经迫不及待地吐露心事了。

原来，蔡老师遇上麻烦了，要把这件事情说清楚就要从前几周的学校运动会谈起。

在学校运动会的第一天，蔡老师班级的秩序良好，而且比赛成绩也不错。但第二天接力赛的时候，蔡老师接到了通知，说他们班的李文栩同学居然找了隔壁班的同学代跑，所以比赛资格被取消。蔡老师一接到这样的一个消息，一下子就愣了，马上让学生把李文栩找到办公室来。李文栩来到办公室后，蔡老师打量了一下他，发现他的身体和精神状况都挺好的，并不像需要找人代跑的样子。那到底是什么原因促使他找人代跑呢？在一番“软硬兼施”后，李文栩终于说出了事情的真相。原来，他是与人互换了比赛项目。李文栩与隔壁班的李宗伟在同一个村子里长大，从小到大就是好朋友。李宗伟在这次运动会上被安排参加 800 米长跑，但他一直都不太情愿。长跑比赛要开始的时候，李宗伟就找到李文栩，与他商量两人进行一次比赛项目调换。他与李文栩协商，只要李文栩愿意替他长跑，他就把最新买的游戏机借给李文栩玩两个星期。

从心理学家沃尔特斯的抗拒诱惑实验中，我们可以了解到，儿童在独自面对诱惑时通常难以抗拒。这一实验是沃尔特斯等人于 1963 年设计的，其目的是为了说明这样一个观点：人的道德行为也表现在他能否抗拒各种外界诱惑，而对诱惑的抗拒可以通过榜样的影响加以学习和改变。实验程序如下：先挑选一批来自同一阶层的 5 岁男孩进入一间放有玩具和字典的房间，让他们参观，实验者的指导语是“这些玩具禁止玩，但可以翻字典”。然后将儿童分为三组：第一组是奖励榜样组，即让儿童看一部短片，影片中有一个男孩在玩一些被告知不许玩的玩具，不久男孩的妈妈进来，夸奖他并与他一起玩；第二组是指责榜样组，与第一组类似，但当男孩的妈妈进入房间后，严厉训斥了孩子，男孩显出害怕的样子；第三组是控制组，儿童不看电影。然后对所有男孩进行抗拒诱惑测验：每个男孩都在上述房间内单独待 15 分钟，其活动通过单向显示屏由实验者观察和记录。结果发现：第一组男孩很快屈从于诱惑，约在 80 秒钟后便动手玩起了玩具；第二组男孩能克制自己约 7 分钟，有的甚至坚持完 15 分钟；第三组男孩平均克制约 5 分钟。研究者认为，榜样具有一种“替代强化”的功能（替代强化是指一个人如果看到他人成功的行为、获得奖励的行为，就会增强产生同样行为的倾向；如果看到失败的行为、受到惩罚的行为，就会削弱或抑制发生这种行为的倾向），在很大程度上影响着儿童对诱惑的抗拒。

面对好玩的玩具，李文栩无法抵御诱惑，答应了好朋友的要求。

蔡老师了解了事情的原委后，认为既然事情已经发生了，再责骂也于事无补，便要求李文栩在班会上向全班同学道歉，就这样把事情了结。但当蔡老师提出了这样的解决方法后，李文栩突然情绪激动起来，一伸手把蔡老师办公桌上的作业本、水杯扫落了一地。蔡老师急忙阻止他的过激行为，在两人拉拉扯扯的过程中，不小心碰到了旁边的柜子，柜子上的一个铜质奖杯掉了下来，正好砸中了李文栩的小腿。

尽管李文栩伤得不严重，但是事情发展得越来越复杂，甚至要闹上法庭。原来李文栩的父母长期在外地工作，对孩子十分宠爱，一听说孩子被老师责骂还把腿给砸伤了，不管蔡老师怎样解释都听不进去，非要把蔡老师告上法庭不可。

陈一平听完蔡老师的叙述，马上就体会到蔡老师的处境，也为他着急。但蔡老师说他没心情上课的主要原因还不是这个。这样一说，陈一平就感到更奇怪了，难道蔡老师还有别的困难？

当时陈一平还是副校长，正校长即将退休，所以把整个心思都放在了处理退休的事情上。尽管校长当时知道蔡老师班里发生了这样一件事情，也曾派了相关的领导进行处理和帮助，但实际上，校长并没有过多地对这件事进行关注。因此，蔡老师对于学校领导不关怀自己感到非常失望，甚至一度想辞职。他坦率地说，这件事让他感受不到学校对他的支持和关心，自己没法提高为学校工作的积极性。就这样，他的工作态度变得越来越消极，所带班级的成绩也一落千丈。

领导对下属进行关怀与激励，要讲究时机。作为领导，即使平常不大关怀和激励下属，但在下属处于困境或者人生低潮这一关键时刻领导必须出现，不然，下属对领导的印象就会大打折扣。

打个比方，由于工作忙，男孩在平常的生活中很少刻意为自己的女朋友准备小礼物或惊喜，这大家都可以理解；但他最好在特殊的日子，如情人节、妇朋友的生日等重要日子有所表示，不然女朋友会产生不满，轻则发生矛盾，重则提出分手。在关键时期多下功夫，好好表现，收到的效果必定是事半功倍的。中国有句俗话说：“患难见真情。”实际上也是指关键时候人的表现特别重要。

协作箴言：要留住人才，领导就要懂得关怀下属，做下属的“保护伞”。

对于蔡老师的事，陈一平是怎样处理的呢？这一次，陈一平主要是打“感情牌”，他对蔡老师说：“你看，现在事情还没到最后一步，谁也说不准最后的结果。但我实话实说，如果你的工作态度再这样下去一定会出事，这样下去只会毁了自己。”接着，陈一平又说：“你也知道校长很快就要退休了，我即将担任正职，我在这里答应你，以后你有什么事尽管对我开口，只要在我力所能及的范围内，我一定尽全力帮助你。尽管这件事情并不是由我负责，但既然我了解到这种情况，就一定不会袖手旁观的。你先好好工作，我帮你去了解一下事情的进展，看看如何解决比较好。”

听到陈一平的劝说，蔡老师禁不住热泪盈眶。在自己最无助、最迷茫的时候，陈一平给了自己最有力的支持，不管事情最后如何解决，他对陈一平已是心存感激了。

最后，在陈一平的调解、周旋下，家长决定与蔡老师和解，蔡老师终于了却了一桩心事。后来，陈一平顺利当上了正职，刚好那一年学校被要求提供下乡支教名单。由于乡下条件非常差，根本就没有人愿意去。这时，蔡老师非常体谅陈一平的难处，第一个报名参加。

所以说，在人力资源管理上，领导者不管使用怎样的方式，对待哪一类事情、哪一类下属，真心实意都是首要条件。

人力资源管理工作要想做好不是一件容易的事。人与人之间的真心实意相待是创造和谐良好的工作环境的首要条件，但单凭这一点是不能把复杂的人事关系处理好的。我们在职场中经常会遇到能力不一、性格脾气各不相同的人，要把麻烦的事情处理好、把复杂的关系梳理好，都要具有一定的能力和智慧。我们来看看陈一平还有什么人力资源管理妙招。

秘诀一 木桶效应，同道相助

木桶效应是指一只木桶能装多少水取决于它最短的那块木板。要想使一只木桶盛满水，每一块木板必须一样平齐且无破损，如果这一只木桶的木板中有一块木板比其他的要短或者某块木板上有破洞，那这只木桶能装的水量就不能达到最大化。同样的道理，高明的领导者除了要懂得发掘人才的亮点以外，更重要的是要尽快帮助团队成员弥补自身的不足。

陈一平帮助教师提高自身水平、弥补不足主要分为三个阶段：第一，自我补充阶段；第二，“一带一”阶段；第三，突破自我阶段。

我们都知道，学校中的教学副校长和教导处主任是校长的得力助手。谈起陈一平所在学校教导处的戚主任，就是由陈一平带领出来的。当年，戚主任还在一所只有十多个教师的乡下学校工作，尽管那时候他的职位也是教导处主任，但说实话，当时的戚主任就像一个怀才不遇的落魄才子一样，一心想要跳到一个更大的舞台大展一番拳脚。而机会真的来了，陈一平在下乡调研听课时发现了戚主任的“才”，就把他引进了自己的学校。不单这样，陈一平还让戚主任继续担任教导处主任。对一所学校而言，教学显然是核心工作，教导处主任在学校的地位是非常重要的，负责统管全校教学工作，可见陈一平对戚主任是非常欣赏的。戚主任得知这样的安排特别高兴，虽然说头衔一样，没有升职，但从管十多人到管一百多人，这显然是不一样的。可好景不长，戚主任由于初到学校，很多事情都不了解，加上有一部分教师对他这样一个乡下教师一来就担任教导处主任感到不满，导致他在工作上屡屡受挫，与教师的沟通协作也没有预想中那样顺利。

戚主任遇到这样的问题，陈一平是不是该赶紧救场呢？让大家都感到费解的是，陈一平并没有过多地干预，这其中又有什么奥秘呢？

陈一平在自己的管理心得中提到，对于能力欠佳的教师，最重要的是给他一段自我认识的时间，在这一段时间里，要尽可能信任他，让他自我选定进取目标，自我分析原因，自我制订应对策略，最终在一定程度上弥补自身的不足。很明显，陈一平没有对戚主任过多地干预，就是为了给他足够的时间进行自我调整和自我管理。总结起来，这种方法有两个明显的好处：第一，给下属留足调整自己的时间，可以体现出领导对他的信任；第二，下属通过这一阶段的自我完善，能够很好地做到自我反思。美国心理学家威廉·詹姆斯认为，一个正常人的潜能在后天只被利用了10%。而美国人类学家玛格丽特·米德认为人类潜能的利用率仅为6%。由此看来，当下属暂时失败时，领导者不要急于对其进行否定，而应该给予时间让他开发自身的资源。举个简单的例子，有些家长担心孩子输在“起跑线”上，在孩子两三岁的时候就急于让他们学算术、背古诗，但当孩子长大后并没有比同龄人表现得更为突出。其实，对于算术和古诗这些基础知识，孩子只要到了一定的年龄阶段就自然能够轻松学会，家长急于把自己认为有用的东西塞给孩子，反而会影响孩子的自身发展，甚至还会埋没孩子其他方面的才能。领导者也一样，领导者当然也可以通过自己的能力去教导下属如何解决问题，但过急的帮助反而会让下属失去考验自我、认识自我、战胜自我的机会。

陈一平没看错人，戚主任的确是块值得雕琢的好玉。经过一番反思，戚主任很快就将工作调整到位。但问题来了：要是每个下属都如戚主任一样，这领导就太容易当了吧？而实际上，领导确实没那么容易当，所以在帮助下属提升自我的过程中，陈一平采用了“一带一”策略。

所谓的“一带一”策略，即在每一个科组内，陈一平都会安排一个骨干教师带一个新教师，而且这“一带一”必须是有针对性的。我们都知道，对于中小学教师而言，难度比较大的就是教研方面的工作。在过去几年里，陈一平投入了大量的时间和经费帮助教师提高教研水平，尽可能安排教师参加各种培训活动，还邀请教授、专家到学校进行讲学，帮助教师提高理论知识水平。通过努力，陈一平培养出了一个优秀的教研组，再由教研组的骨干教师“一对一”地带、帮、教新教师。就这样，通过“一带一”策略，从局部向整体发展，引导教师将理论与实践结合起来开展教研，促进教师不断学习新知识，并将理论自觉内化为自己的教学智慧；通过教研，进一步加强教师的协作与交流能力、总结与反思能力、发展与创新能力，促使教师加快专业能力发展。

“一带一”策略较好地解决了在短时间内较快地提高教师专业能力的问题，但如果不能为教师提供展示他们的教学成果的平台，早晚会耗尽他们的积极性。这个时候就要使用第三个策略“突破自我”了。陈一平决定搭建教学比赛平台让教师进行“PK”。表现出色者，自然能够获得赞赏，有助于提高自己的教学威信；表现一般者，至少可以通过这次经历了解自身的不足，并想办法弥补。教学比赛每年举行一次，陈一平要求各组都要派代表参加。在每一次赛课前，陈一平都会亲自对教师进行指点。李老师是新来的数学教师，经验不足，教学技能比较差，在“一对一”培训中，他几乎每天都观摩自己的导师徐老师的课，跟徐老师一块探讨如何进行教学设计、如何激发学生的兴趣等。过了一段时间，陈一平认为时机已经成熟，应该让李老师去参加一下教学比赛了。在李老师赛课前，陈一平非常关心他的试教情况，同一节课，陈一平听了七次，对李老师教学中出现的问题和不足及时提出、督促改进，并建议李老师在教学中保持自己的教学特色。

靠着这三大策略——自我补充策略、“一带一”策略、突破自我策略，陈一平终于有效地把学校的师资水平从整体上提高了。这样循序渐进、因人而异的管理策略充分地体现了他的管理智慧。

有这样一个普遍现象：遇到有挑战性的任务，很多人容易沮丧，觉得任务太难了完不成，于是产生了焦虑心理，而一旦把完成任务的既定时间加长，并适当地给予外力帮助或提示，降低任务难度，自然就会恢复信心，从而很好地完成任务。

就像一群人一起走路，走了一段时间后，大多数人都想知道已经走了多远，比较有经验的人会说：“大概走了一半的路程。”于是，大家又簇拥着继续往前走。当大家情绪开始低落，觉得疲惫不堪，而路程似乎还有很长的时候，有经验的人说一句“快到了”，大家就又能振作起来，加快行进的步伐，冲向目的地。所以说，对于能力欠佳的下属，领导应该分阶段对其进行培训和鼓励，帮助他逐渐找回信心，突破自我。

协作箴言：对于能力欠佳的下属，领导应该分阶段对其进行培训和鼓励，帮助他逐渐找回信心，突破自我。

做生意也是一样的。我们一开始只是打算摆个小摊混口饭吃就可以了，结果小摊的生意越来越好，于是就租了个更大点的小铺，发现小铺赚钱还挺多，就想着扩张，最后竟开起了分店。同样的，我们要让一个人迅速地发展起来，就要让他收获短期成功，当他看到自己在不断地发展时，他才会有勇气去完成更重大的任务，实现更高的人生价值。

有这样一个“化整为零”的故事。1968 年的一天，罗伯特·舒乐博士决心要在美国加利福尼亚州用玻璃建造一座水晶大教堂，他向著名的建筑设计师菲利普·约翰逊表达了自己的构思：“我要的不是一座普通的教堂，而是一座人间的伊甸园。”

这座水晶大教堂最终敲定预算是 700 万美元。然而，这个数字不但超出了舒乐博士的承受能力，更超出了菲利普的想象范围，其他人也都对舒乐博士说“这似乎不可能”。

但舒乐博士想出了一个化整为零的方法。他在一张纸上写下“700 万美元”，然后在这个目标下面写道：

1. 找 1 笔 700 万美元的捐款；

2. 找 7 笔 100 万美元的捐款；

3. 找 14 笔 50 万美元的捐款；

……

9. 找 700 笔 1 万美元的捐款；

10. 卖出教堂 1 万扇窗户的署名权，每扇 700 美元。

利用这神奇的化整为零的方法，舒乐博士历时一年多就筹集到了足够的款项。据说，水晶大教堂最后耗资2000万美元，但是在舒乐博士将这宏伟的目标化整为零之后，奇迹般地募集了足够的资金。

700万美元，这个目标原本令人望而生畏，似乎是一个无论如何拼命都无法企及的目标，但是经过“化整为零”之后，大目标成了一个又一个可以实现的小目标。

俄国大文豪列夫·托尔斯泰有这样一句名言：“人要有生活的目标：一辈子的目标，一个阶段的目标，一年的目标，一个月的目标，一个星期的目标，一天的目标，一小时的目标，一分钟的目标，还得为大目标牺牲小目标。”

1984年，在东京国际马拉松邀请赛中，一名不见经传的日本选手山田本一出人意料地夺得了世界冠军。当记者问他靠什么取得如此惊人的成绩时，他说了这么一句话：用智慧战胜对手。

大家对他所谓的“智慧”都有些迷惑不解。10年后，他在自己的自传中道出了这个“智慧”的真相：“每次比赛之前，我都要乘车把比赛的线路仔细地看一遍，并把沿途比较醒目的标志画下来。比如，第一个标志是银行，第二个标志是一棵大树，第三个标志是一座红房子……这样一直画到赛程的终点。比赛开始后，我就以百米赛跑的速度奋力地向第一个目标冲去，等到达第一个目标后，我又以同样的速度向第二个目标冲去。40多千米的赛程，就被我分解成这么几个小目标轻松地跑完了。起初，我并不懂这样的道理，我把我的目标定在40多千米外终点线的那面旗帜上，结果我跑到十几千米时就疲惫不堪了，因为我被前面那段遥远的路程给吓倒了。”

成功正是一个化整为零、循序渐进的过程，而非一蹴而就的坦途。正如前面我们所说的那个普遍的现象：遇到有挑战性的任务，很多人容易沮丧，觉得任务太难了完不成，于是产生了焦虑心理，只好选择暂时逃避，结果一拖再拖，最终一事无成。如果能采用化整为零的方法，把任务分成比较容易完成的小块，降低任务难度，就更容易取得成功。

很多领导者为了培养人才、锻炼下属，首先会根据下属的具体情况，为其预设一个最终目标，但在培养的过程中，他们会把这个最终目标拆分为多个小目标，让下属逐步突破，使下属越战越勇，不断成长。领导者就像一个铁匠，把下属打造成怎样的器皿在很大程度上取决于铁匠的打铁功夫是否到家。

陈一平把人力资源管理工作中“硬骨头”解决了，是不是就可以说在管理上畅通无阻了？不是。陈一平认为，提高下属能力固然重要，但要想取得成功，更需要提高团队成员的凝聚力，让每个团队成员都参加到管理工作中。

秘诀二　万人操弓，招无不中

在前面我们提到了教导处的戚主任，其实在他之前还有一位担任多年教导处主任的钟主任。我们举几件事情来说说钟主任的领导风格吧。

认识钟主任的人都知道，他有一项本领就是“看人特别准”。一开始大家都没注意到他的这项本领，直到有一年，在评比优秀教师时，由于有两位教师票数相同，于是校长就让身边的四位主任谈谈选哪一个比较好。在四位主任中，有三位支持一位女老师，只有钟主任一个人大力推荐另外一位男老师。按理说，少数服从多数，这个优秀教师的名额应该给那位女老师，但最终给了男老师，为什么呢？因为钟主任认为这名男老师是匹“千里马”，现在没有特别突出的表现是由于他一直没有受到重视。钟主任看人非常准，他知道像这类有才的人一般自尊心非常强，虽说这次评比算不了什么，但要是失败了，以后肯定会对领导层失去信心，干活一定会失去积极性。因此，钟主任就对另外三位主任说明情况，共同帮男老师说起了好话，就这样，这个优秀教师的名额最终被男老师获得了。评比之后，那位男老师的确在岗位上做出了超凡的“黑马”成绩，甚至两年后由于成绩显著，直接升职到教育局去了。而当年跟男老师同票竞争的那位女老师，后来却由于有偿补课而受到了处分。

当然，这只是其中的一个代表性事件，在那一两年中，钟主任频频表现出“伯乐”的眼光，不由得让人佩服。但后来，事情渐渐变质了，他从发掘“黑马”渐渐变成了发掘“亲信”。要是有什么活动、有什么推选，都可以在名单上看到钟主任的“亲信”的名字，而这些人极少有“黑马”表现。

后来，在校长的提醒下，钟主任才渐渐有所收敛，但不久他又做了一件错事。有一次，学校评选先进教师，钟主任很想获得这个荣誉，就去找当时的校长，袒露了自己的想法。校长听了，认为也是时候给他点鼓励了，就把那一年评选先进教师的名额给了他。但让大家想不到的是，第二年他又向校长提出了自己的要求，想再获得一次。这次，校长自然不会轻易同意，便跟他说：“钟主任，你看，这两年你的表现不错，但我觉得在教学方面好像还有点欠缺，要是你把这方面补上来，评上先进教师肯定没问题。”钟主任一听，脸色就变了，但也没办法，只好灰溜溜地离开了校长办公室。之后，他竟然逢人就说自己在教学上的表现已经非常出色了，是校长故意为难他。其实大家心里都明白他的教学水平的确不怎么样。然而，钟主任仍然不甘心，通过“特别手段”再次把先进教师名额弄到了手。得知这样的消息后，全校教师几乎“炸锅”了，都对他的行为非常不满。

还有一件“10 元钱风波”事件。那时候陈一平已经担任校长了，为了加强全体教师的协作效果，增进相互之间的感情，陈一平特意组织了一次教师接力赛。比赛以年级组为单位，钟主任所在的五年级组获得了第二名，有 500 元的奖金。如何花这些钱呢？一位教师建议外出聚餐，一开始大家都同意了，但因为人多，时间和地点经多次协调也没法确定下来，大家就说把奖金分了算了。奖金平分之后还剩下 10 元，这时，年级组长说：“跑第一棒最辛苦，把这 10 元给第一棒吧。”还没等大家发表意见，钟主任马上站起来说：“要说辛苦，也该说是我吧，这次跑最后一棒的是我，平时我的工作量也最大，这 10 元钱应该奖给我。”最后，两人因为这 10 元的分配争执不下，就请陈一平来评理。陈一平听了之后哭笑不得，连连摇头。其实大家心里都清楚，钟主任并不是为了这10元钱，而是不想让别人抢占自己的功劳。

通过以上这几件事情，我们可以看出钟主任是那种心胸狭窄、过分注重自身利益的人。钟主任这样的领导，只要别人影响到他的利益，他就一点情面也不留。

那么钟主任这样的领导方式，最终导致了怎样的后果呢？我们前面谈到了钟主任自从连续两年评上先进教师后，好多教师都对他不满，发生了“10元钱风波”后，大家对他就更加排斥了。后来，钟主任偏心的倾向愈发严重起来，甚至在班级作风评比比赛中，他暗地把自己偏爱的班级的评分提高。钟主任的行为让大家非常反感，几乎没有人愿意听从他的话了。有一次，学校整理图书馆，由钟主任负责，工作量大，时间很紧，他需要别人来帮忙，但不管他如何要求、请求，就是没有一个人愿意去帮助他。他只好自己一个人拼命在图书馆中整理，才勉强在规定的时间内完成任务。陈一平把这些事情都看在眼里，便找来钟主任好好地聊了一番。陈一平也知道钟主任与其他人的关系不可能一下子就缓和过来，为了让钟主任有机会与大家“和谐”起来，就决定让他参加支教活动，外调一个学期。

任何人都有私心，但作为领导，要让下面的几百号人愿意服从你的领导，就绝不能让人觉得你待人处事不公，不然就无法聚拢人心。领导手中往往握有一定的权力，有谋取私利的诸多便利。领导如果私心太重，把个人利益想得太多，就容易在利益分配中失去公平的原则，还容易把手伸到不该伸的地方。俗话说：“干一样的活，就拿一样的赏。”领导偏爱谁就把机会赏给谁，公私不分，迟早会落得人心涣散、孤军作战的下场。在这一方面，钟主任的确受到了教训。陈一平在这方面却做得相当好，他是怎么做到让“万人操弓”，使下属实实在在地为他拼命呢？

要想让大家都参与到学校管理中去，首先领导要把“人人都有参与的机会”落实到位，让每个人都“操弓”，才有望达到招无不中的效果。在这里我们要提到一个管理策略“榜样效应”。榜样的力量是无穷的，榜样作为一种典型，能够号召大多数人去向他学习，并最终做到和他一样。

我们举个简单例子。陈一平的数学教学是被公认为最好的，他获得的荣誉和称号多年以来都在学校保持第一，到现在还没有人能够打破。所以每年举行数学教学比赛或者教师发表有关数学教学这方面的论文，都要请陈一平亲自指导。而且，陈一平从来不争功，也不会因为担心下属超越自己而不愿意指导他们。有的教师发表论文，从初稿到发表，都离不开陈一平的指导，但他从不署名，而是把机会留给别人。渐渐地，他这种谦让的领导方式影响到其他领导，尤其是他身边的几位得力干将。有一次，在投票评选优秀教师时，一位中层干部排名第三，可以说毫无疑问能够获得这一荣誉，但他主动让出名额给了其他人。

一个人要想影响一个大集体不容易，但一个人若能影响集体中的几个关键人物，剩下的人自然就会很快顺从。俗话说："射人先射马，擒贼先擒王。"要想把团队管理好，首先要把团队的"头儿"管理好，让其做好表率，这样自然能够把团队成员的积极性都提高起来。当陈一平提高了教师的凝聚力后，他又使用了第三个秘诀。

秘诀三　畅所欲言，屡试不爽

六月的一个下午，天气热得很，校长办公室里有两个人在聊钓鱼的事情。其中一个人是陈一平，另一个人是卢老师。

这天早上，副校长肖燕在与陈一平一块吃早餐的时候谈到了有关卢老师的事情。原来，这几天下午放学的时候，肖燕发现几位家长等候的时间总是特别长，一开始，她以为是孩子值日耽误了时间，可是一整个星期下来，几乎在所有家长都把孩子接走以后，那几位家长还在门口等候着。肖燕向几位家长询问情况，才知道这几位家长的孩子都是六年级（1）班的学生，每天下午放学后班主任卢老师都会把他们留下来给他们讲错题，他们已经连续好几天没有准时放学了。家长还谈到孩子回家后要做的作业特别多，每天都得做到 11 点多，把孩子累得一躺到床上就睡着了，早上还不愿意起床，显得很疲惫。“虽然说是六年级学习比较紧张，可也得有个度啊，我们不想让孩子有太大的压力。”家长这样说。肖燕听完家长的话以后，答应会跟相关教师反映。陈一平听完肖燕的讲述后，就让肖燕把这件事交给他负责。可有趣的是，陈一平找来了卢老师，并没有跟他说起这件事，而是一直聊钓鱼的事。这真让人费解。

陈一平为什么要谈钓鱼呢？有人说，肯定是陈一平不敢得罪这位骨干教师。其实不然，陈一平自有他的道理，他想先听听卢老师这样做的原因是什么，而且他知道卢老师是一个聪明人，用“钓鱼”来提醒他是最适合不过的。在管理上，讲话的艺术非常重要，通俗点说，就是要懂得见什么人说什么话。很多人都看过鲁豫主持的节目，其中有一幕是这样的。

江苏省华阴市华士镇的华西村被誉为“天下第一村”。该村的老书记吴仁宝应邀做客《鲁豫有约》。吴仁宝年逾80，他千里迢迢赶到北京，十分疲劳，丝毫没有谈话的欲望。如何激发他使他处于最好的谈话状态呢？吴仁宝在华西村“当家”48年，深受群众爱戴，他非常在意群众的拥护和掌声。于是机敏的鲁豫说出了一段有趣的开场白：“吴书记有一个特点，大家掌声越激烈，他讲话的情绪越高涨，我们以热烈的掌声来欢迎吴仁宝书记！”顿时掌声四起，吴仁宝笑呵呵地走上台，不住地跟观众挥手致意，情绪非常好。吴仁宝坐下后，笑容犹在，鲁豫紧接着又说：“我很好奇，华西有电视台吗？你们还缺主持人吗？”吴仁宝退休后对华西的宣传一直很关注，一听到这话，谈话的兴趣马上来了。他先是打趣道：“鲁豫，我们还要主持人，你去不去啊？”然后，他回顾了自己颇富传奇色彩的精彩人生。整个节目录制过程中，吴仁宝思路清晰，妙语连珠，而鲁豫像面对家里的老爷爷一样，温和地聆听，俏皮地提问，台下不时响起阵阵笑声和掌声。

可见，说话的艺术对于拉近人与人之间的关系非常重要。那么，面对各方面都非常优秀的骨干教师，陈一平自然不愿意直接指出其不足和错误，他认为只需要稍稍暗示，对方自然会知晓。

陈一平对卢老师说：“最近放学后，怎么都不见你人影了，好几次想找你一块去钓鱼都不行。”卢老师说：“校长你不知道，最近我从朋友那边得到消息，××学校毕业班已开始搞小升初考试特训了，他们在上一次的模拟考试中成绩非常不错，而我们的学生一点紧张感都没有，同样的题目做了错，再做还错，我很焦急。”陈一平问：“你想到对策了没有?”卢老师说：“我想下午放学后给他们搞特训，看看有没有效果。”陈一平说：“那我们岂不是没法去钓鱼了?”卢老师说：“校长，傍晚的时候就算你去也没法钓，天黑了，鱼都回家了。”这时候，陈一平语重心长地说：“你看，天黑了，动物都不出门了，你也别折腾孩子们了，他们也累，也想早点回家。”这时候卢老师才醒悟过来，不禁哈哈大笑。陈一平接着对卢老师说：“这周末，我们一块去钓鱼，到时候你给我说说如何提高教学效率，好吗?”卢老师笑着点点头，连声说“好”。陈一平知道，像卢老师这样的骨干教师经常带毕业班，对工作可算是尽心尽力，尽管他这种延迟放学的做法的确欠妥，但也是为学生的学习操心，如果不问青红皂白狠狠地批评一顿，肯定是不行的。

陈一平还发现了一个问题，就是这些骨干教师尽管已经跟随自己多年，但很多时候出现问题还是不敢主动找自己商量。这是一直困扰陈一平的难题。陈一平针对这一现象采用的策略在心理学上叫“耶克斯—多德森定律”，这一策略应用在学校管理中，是指努力创造一个使广大师生感觉置身其中能够心情舒畅和没有过分压力的轻松环境，使其能够在紧张的工作之余，压力得到及时的排解，紧张的情绪情感得以缓解，并迅速恢复精神，体验到快乐。陈一平希望全校师生都能够在轻松和谐的环境中工作、学习，他使用的“钓鱼”这一策略来对卢老师进行提示就是受此启发而来的。

在面对人生重大转折的时候，每个人都难免会有紧张的情绪，此时，领导首先要给他们吃一颗定心丸，就像陈一平一样，只有尽可能地减少毕业班教师的压力，教师才会减少给学生的压力。

在日常生活中经常可以看到这样的现象：有些下属在领导面前一声也不敢吭，可是一回到自己的办公室就能说个不停；开会时让他发表意见总是吞吞吐吐，可是一下班就跟自己的朋友聊得眉飞色舞。之所以出现这种情况，主要原因就是他们感到在领导面前讲话压力太大了，每次讲话前都要思来想去，最后索性不开口，以保证无惊无险。所以，领导要想让下属跟自己诉说心事，首先得把气氛搞好。

陈一平用婉转、温和的方式为大家创设了一个轻松、平等的说话氛围，鼓励大家多开口，敢开口，会开口。创设轻松、和谐的氛围有哪些方式呢？

第一种是谈话式。通过日常生活中的一些小事导入，在谈话中拉近双方的距离，再渐渐深入主题。这种在关系逐渐升温的情况下得到的信息比开门见山所得到的信息要更多、更细一些。

第二种是探讨式。领导不要摆出高高在上的姿态，有时候，在某些问题上可以放下身段，请教资深下属。采用这种低姿态的谦虚态度，会使下属更有亲切感，说话的胆子也会大一点。

第三种是活动式。陈一平认为，在活动中人的心情更容易放松，更易卸下“面具”，是彼此沟通的最好机会。学校附近有一个地方，环境非常优美，油菜花盛放时节更是金灿灿的一片，让人赏心悦目。陈一平很喜欢把大家带到那个地方去搞活动，有时候是演讲，有时候是野炊，有时候只是欣赏美景，拍拍照片，聊聊家常。可别小看了这些活动的作用，陈一平就是通过这些活动逐渐拉近了自己与大家的距离的。在这种氛围下，大家无拘无束，畅所欲言，一些难题就是在这样的活动中得以解决的。

情感是可以迁移的，在工作之余，陈一平与大家相处融洽；在工作中，他与大家更是坦诚相待，努力把工作做好。领导要让下属对自己充满信任，单凭上下级关系是很难做到的，还要以朋友的身份多与他们沟通，亲密的关系才能形成。

协作箴言：在越轻松自在的氛围中，越容易畅所欲言，越能掏出真心。

第四章

协作型管理有妙招

在学校中，校长就是指挥官，校长的凝聚力发挥着重要的作用，否则学校将是一盘散沙，难以继续发展。学校管理涉及方方面面，沟通是其中非常关键的因素，如何协作、协调，如何达成思想上的共识呢？一个好的团队中，成员之间需要经常交流，需要多方面、多层次的沟通，从总体目标到具体细节，从工作关系到人际关系等，都在沟通的内容之列。我们来看看陈一平在这种协作型管理中是如何做的。

各行各业都离不开协作，但协作并不是“一拍即合”的，而是常会发生冲突和矛盾、需要相互磨合的。陈一平与同事面对这种情况，又是如何解决的呢？从他们的做法中，我们又能有什么借鉴呢？

放学的铃声响起，一打开校门，只见“接送大军”的车辆占满了学校门前的车道。校门前的交通堵塞问题早在几年前就已经出现了，现在越来越严重了。每逢上学、放学的时候，接送学生的车流量非常大，甚至影响到附近道路的交通。很多接送孩子的家长没有把车辆停放到规定的停车场，而是随便将车子停放在人行道上或自行车道上，甚至直接停在校门口处。

对于这个问题，陈一平多次要求班主任让学生转告家长不能把车停放在学校门前，但不管强调多少次，接送孩子心切的家长也不在意。尤其是一、二年级学生的家长，都希望自己是挤在门口的第一个人，能早点接到孩子。站在家长的角度，他们有两个思考。

第一，爱子心切。大部分家长对于上小学的孩子还是非常不放心的，对孩子不敢放手，甚至不愿意放手。接送一、二年级的学生上学、放学，这是正常的，但“接送大军”中的家长远远不止一、二年级学生的家长，甚至六年级学生的家长也为数不少。

第二，贪图方便。在离学校大门三四百米的地方有不少停车位，但没有几个家长愿意把车停到那里，不少家长把车开到离校门口最近的地方等候，造成车辆过度集中停放。陈一平认为，“接送大军”正是造成校门口交通堵塞的主要原因。由于拥堵，这里经常发生车辆剐蹭事故，也曾出现过行人受伤事件。

这件事一直缠绕在陈一平的心头，随着学校的发展，这样的情况势必会越来越严峻。为此，他想出了分流的方法。

陈一平找来了两位副校长，提出了自己的想法：让家长把车停在停车场，一、二年级的学生提前10分钟下课，学生列队，一律由教师带到停车场交给家长。这个分流方案在理论上来说是可行的，但对于负责执行的副校长而言，实行起来就没那么容易了。家长会配合吗？两位副校长连夜打印好数百封《致家长的一封信》，发给一、二年级的学生，让他们转交给家长。

果然，事情并没有想象中的那样顺利，尽管提前了10分钟下课，但家长还是堵在了校门口。一、二年级的学生还没走完，其他年级的“接送大军”已经层层涌向门口。

这个问题没解决好，是方案有问题还是执行有问题？两位副校长感到十分发愁。

在心理学上，有一个现象叫作“定式效应”。有一个农夫丢失了一把斧头，怀疑是邻居的儿子偷的，于是观察他走路的样子、脸上的表情，感到他的言行举止就像偷斧头的贼。后来，农夫找到了丢失的斧头，他再看邻居的儿子，竟觉得其言行举止中没有一点偷斧头的模样了。这则寓言故事描述了农夫在心理定式作用下的心理过程，说明了人对事物或别人一旦产生了思维定式，就会对以后的心理活动造成一定的影响。

一个星期过去了，校门口交通堵塞的问题还没有解决，两位副校长自然非常紧张。完成不了上级布置的任务，怎么办呢？向上级反映情况，另外提出解决方法？大部分人有一种思维定式，就是领导交代的任务，下属就应该按照要求执行和完成。从某个角度来看，出色、按时地完成上级交代的任务固然是一件好事，但是如果盲目执行，早晚是会碰壁的。

周五的晚上，两位副校长约在一起商量对策，希望能够在周末想出一个更为周全的办法。经过一番探讨，他们在原来方案的基础上进行三个方面的修改。

第一，保持一、二年级提早10分钟放学的做法，但接送地点必须转移，改为学校后门。

第二，加强与有关部门的协作，如请交警在放学时段加强警力，以维持秩序。

第三，尽快在前后校门门口附近的空旷处，以年级为单位划分集中放学区，班主任必须把自己班级的学生带到指定区域再放学，家长必须把车停在指定的停车场。

星期一的早上，两位副校长把修改好的方案交给了陈一平。陈一平一看，认为很好，要求马上实施。这次能否顺利实行呢?

放学的铃声又响起了，一、二年级的学生提早放学，家长们按照要求在学校后门等候。但老问题又出现了，尽管已经把各班级排队解散的地方用黄色粗线标示出来，但还是有一些家长不顾学校要求走进黄线区域，甚至把车停放到里面。两位副校长让一、二年级学生暂时站在校门附近，等学校保安把黄线区域的家长劝离。10 多分钟后，家长终于一一离开，班主任才带着学生到指定区域，清点人数，让家长接走孩子。尽管拖延了不少时间，但是总算解决了问题。在接下来的几天里，好消息不断传来，绝大部分家长已经开始按照学校规定在指定区域等候了。在反复的沟通中，两位副校长终于把多年的难题解决了。

俗话说："好事多磨。"在生活中，很多事情都不是一蹴而就的，而是需要循序渐进。比如，销售员要吸引顾客买自己的商品，谈成一笔小订单也并非一件易事，常常要经历一波三折。刚与客户打交道，还未获得顾客的信任，就需要花费更多的时间和精力，付出更大的热情和耐心与顾客进行良好的沟通。即使客户这一次买了商品，也不意味着以后的购买就会顺利，还是会遇到这样那样的问题。其实，遇到问题并不可怕，关键是怎么及时处理问题。

协作箴言：很多事情都不是一下子就能够找对方向，找到最佳的解决方案的。懂得打破定式、不断探索才是最关键的。

下属对于领导布置的任务应该尽自己所能去完成。陈一平认为，下属在接受任务的时候，需要加入自己的思考。优秀的领导一定是懂得放手、善于听取意见的人，上下级的交往应该是一个协作的过程，在思想碰撞中一同进步。上级是一个统揽全局的角色，要善于谋划大局，集中精力抓住根本。学校大大小小的事务很多，如果事事都由校长执行、实施、监督，说得好听点是务实求真，但最终的结果大都会像诸葛亮一样"出师未捷身先死”。

管理是一门科学，也是一门艺术。工作安排到位了，任务布置下去了，完成工作的过程就应该放手由下属掌控。领导如果总是不放心、不放权，不但会给自己增加负担，而且会束缚下属的手脚，影响任务的完成效果。

很多时候，领导放手更能激发下属的积极性。举个例子，中国的很多家长都把孩子当作宝贝，舍不得放手，舍不得让他们独立面对困难，甚至上了大学还接送、还过分关心。这样培养出来的孩子将来如何在社会上独当一面？我有一个朋友，他是家中的老幺，父母非常疼爱他，什么事情都不让他干，担心他受苦受累。考大学时，他选了一所省外大学，希望摆脱父母对他的束缚。上了大学以后，他经常骑车旅行，有一次与几位朋友一起骑行1000多千米来到拉萨，并把这段经历写成游记发到了网上，结果被一家杂志社选中并发表了。当他回家对家人讲述这段经历的时候，家人都非常吃惊：原来孩子远远没有自己想象中那样脆弱。

领导对下属也一样，要敢抓敢放。当然，放手并不代表全部不管不问，而是对大事心中有数、对小事体察入微，对急事从容不迫、对缓事按部就班，对责任勇于担当、对荣誉不争不抢。

妙招一　宽严相济，恩威并施

宽是指宽容，就是领导宽以待人，能够容忍下属的过失，并指出其缺点，帮助其改正，以提高其工作能力。宽容绝不是纵容下属违法乱纪，相反，对下属所犯的错误，领导会及时批评制止，不徇私情，秉公处理。一言以蔽之，“严是爱，松是害”，这是上下级和谐相处、成就事业的基础。慈母的手，慈母的心，是每一位领导都应该有的。对自己的下属，领导要维护和关爱，因为他们是你的同路人，甚至是你的依靠。而且，只有如此，才能团结他们，达成工作目标。

严是指严格，这是基于人类惰性而言的。有些人不需要别人的监督和鞭策，就能自觉地做好工作、不出差错。但是有些人好逸恶劳，拖延怠慢，必须由领导严格督促，他才会认真做事。

领导对下属要宽严得体，尤其是在原则和法规面前，更不能有丝毫马虎。对于那些违纪的下属，应该按组织原则论处，该罚则罚，绝不姑息。一位领导如果对下属纵容过度，工作秩序就会无法维持，也无法培养出人才。只有严格要求，才能建立刚性制度，才能进行有效管理。如果太在乎人情世故，反而会造成管理的混乱。

梁军老师是学校的“明星教师”，他对学校的情况非常熟悉，对教学也有自己的独特见解和教学方法，深受学生欢迎。因此，陈一平希望梁军担任一个毕业班的班主任。但任课安排一公开，矛盾就来了。梁军执意不肯教毕业班，而且表明要教二年级。怎么办呢？陈一平首先让教导处主任与梁军沟通，但梁军仍不愿意。陈一平亲自去劝说，还是不行。局面就这样僵持着。是尊重他的意愿还是严格执行决定？如果是前者，那么就为以后的任课安排带了个不好的头，会产生负面影响；如果是后者，又会引起梁军老师的抵触，不利于教学工作的开展。怎么办呢？这时候，陈一平找到与梁军关系比较要好的几位教师，跟他们了解梁军不愿意教毕业班的原因。这几位教师坦率地跟他说了梁军不愿意担任毕业班班主任的真正原因。原来梁军父亲的风湿病又发作了，行动非常不便，需要梁军多花点时间照顾。但梁军这个人比较大男子主义，很多事情喜欢独自一个人扛着，不太愿意把自己的困难告诉别人。陈一平听他们这样一说，一下子就明白了。问题的根源找到了，就容易解决了。陈一平能否想到两全其美的方法呢？

梁军不愿担任毕业班班主任，是因为希望每天都能照顾父亲，那如果把他的父母接到学校居住，这两个问题不就都能解决了吗？想到这个主意后，陈一平第一时间找到了管理宿舍的教师，询问是否还有空的职工宿舍。非常幸运的是，还真有一间。陈一平赶紧拿了钥匙去察看宿舍，但让他有点失望的是，这是单人间，宿舍的面积太小了，显然不适合梁军和他的父母一块居住。于是，陈一平利用下午的时间把教师宿舍都走了一遍，也把每一间宿舍和对应的教师记录了下来。晚上，陈一平非常用心地分析哪位教师可以搬到单人间宿舍，将现在住的宿舍让出来给梁军家居住，最后锁定了两名新教师。这两位教师刚入职不久，还没成家，对住所要求较低。

第二天，陈一平约了这两名教师，非常诚恳地向他们说明了情况。一开始，这两位教师听说要把自己的宿舍让出来，都不太高兴。陈一平一次又一次地与他们沟通，并向他们保证，下一年学校建好新的教师宿舍，一定优先照顾他们。最后，一位教师答应了陈一平的要求，当天下午就搬到单人间宿舍去了。

同一天下午，陈一平带了一袋水果到梁军的家里特意探望梁军的父母。陈一平的到来让梁军非常意外，并且不怎么高兴。为什么呢？所谓“无事不登三宝殿”，梁军知道陈一平一直希望自己担任毕业班的班主任，想必这次登门也是为这件事而来的。但当他知道陈一平为他争取到了一间合适的教师宿舍的时候，一下子惊呆了。

学校为梁军安排了一间宿舍，让他把父母带到学校住，方便他随时照顾父亲，解决了他的后顾之忧，于是梁军心怀感激地接受了学校的任课安排。

陈一平虽然对梁军的家庭难处非常体谅，但对他教学的要求也非常高。每个星期，陈一平都要与梁军一起讨论教学问题，向他了解其所带班级的教学进度，询问学生的成绩。陈一平还为梁军制订了一个学期目标，要求他在教学研究、课堂教学、班级管理等方面都做出好成绩。当然，陈一平也经常去看望梁军的父母，陪两位老人聊天。

陈一平认为，领导在管理下属时应宽严相济、刚柔结合。有的领导过分强调下属“必须”“一定”要按照自己的意图执行任务，这样的管理方式难以深入人心。简单粗暴地强迫下属按照自己的要求执行任务，虽然能够巩固自己所谓的地位和权威，但并不利于建立良好的干群关系。因此，领导在大方向上必须坚定原则，但在执行过程中应灵活机动、宽严相济，方可见成效。

妙招二　大事共讨，一齐议政

领导具有统领、引导的整体管理作用。一个学校的发展方向、组织目标都需要校长做出最后的决策。在管理工作中，校长最重要的事情就是对学校的发展进行决策。决策的内容涉及学校的未来发展，也涉及各部门、各年级的具体事务，大多具有重大的战略性意义。在现代管理中，决策的影响作用是非常大的，正确的决策就是最大的成功，一个决策的失误可能会引起连锁反应，导致严重的后果。为此，陈一平在校长的岗位上一直抱有一定要避免“一失足成千古恨”的忧患意识，提醒自己要做好每一次决策。

那么，陈一平是运用怎样的方法来避免决策的失误的呢？美国创造学家奥斯本提出了一种激发创造性思维的方法——头脑风暴法，陈一平把这种思维方法运用到学校管理中，凡是学校的重要事情，都召集学校领导班子及各部门负责人、教职工代表围桌而坐，鼓励大家积极发表意见，以便能够集中团队成员的集体智慧，做出完美决策。

协作箴言：采用头脑风暴法能够集中团队成员的集体智慧，做出完美决策。

有一句话说得好：“三个臭皮匠，顶个诸葛亮。”大家在集体讨论时各抒己见、取长补短、互通有无，在比较的基础上扬长避短，有助于形成一个较为完善的决策。同时，在集体讨论、出谋划策的过程中，教职工能对学校工作有所了解，有利于他们配合学校管理工作。

中小学作为学生基础教育的关键部门，其重要性不言而喻。然而，建设一所好的学校是极不容易的。关键在哪儿？关键就在学校的“创造”和“强大”。陈一平认为，一所学校要有长远的发展，就必须具有创造性，并在此基础上使自身强大起来，这就是“创强”。“创强”从何做起？陈一平依靠的是集体的智慧。

教师是学校的主力，陈一平要求教导处主任、教研组组长对教师的教学和教研情况进行详细的了解。学校的中青年教师较多，大多具有专科、本科学历，其观念新、精力旺、接受新事物快、发展潜力大。陈一平召开中青年教师会议，与他们分享了“创强”的经验，同时鼓励大家为实现这一目标出谋划策。有的教师提出要继续营造校园文化氛围，有的教师指出要提高教师教学质量，还有的教师提出要严抓学生思想建设。经过激烈的讨论，最终大家确定了第一个学校发展的方向，即推进科研兴教、科研兴校的进度，强化教研意识，加强教学改革，力求在较短时间内提高教学质量。

在管理学上有一个定律叫“二八定律”，又名“帕列托定律”“最省力法则”。二八定律指出，在任何一组东西中，最重要的只占其中的一小部分，约20%，其余的80%尽管是多数，却是次要的。二八定律提醒管理者在决策中要懂得抓住主要矛盾，用20%的付出赢得80%的效益。

很多企业都非常重视重大节日，如春节、中秋节等，因为这些重大节日往往是商家销售的黄金时间，业务量和利润会很大。尽管一年中的“旺季”非常短，但能给商家带来巨大的利润。而在大部分时间，即“淡季”里，利润只能维持在一个较低的水平。如果以天为单位来考量，也是一样：在一天内，总是有几个时段客户量较大，从而使业务量较大；而在其他多数时段里客户量较少，从而使业务量较少。

二八定律对我们有重要的启示，即我们不要将大量时间和精力花在处理大量的琐事上，而要用在关键问题的解决上。面面俱到不如重点突破，把80%的资源花在能出关键效益的20%上，并通过这20%带动其余80%的发展。那么，这次以教研为核心的“创强”是否能够成为关键的20%呢？

协作箴言：一个人的时间和精力都是非常有限的，要想做好每一件事情几乎是不可能的。我们要学会合理分配时间和精力。

两年前陈一平参加了一次考察学习，那次考察学习让他真正见识到教研的力量——教研可以令一所原来默默无闻的学校名声大振。于是，陈一平决定加强学校的教研力度，希望借此提高教师的教学水平。陈一平要求每个教师每个月交一篇教学反思，大家交上来的教学反思却让他大吃一惊，因为这些教学反思中就没有几篇像样的。为什么会这样？他很快找到了答案：教师教书而不认真读书，应付教学，这如何能写出像样的教学反思？更别提进行教研了。虽然教研的生命力来自实践，但要驾驭实践，在很大程度上取决于理论功底。观念更新，要靠学习内化；知识更新，要靠学习积累。陈一平认识到问题的严重性，于是列出书目，要求教师们认真研读，力求利用半年时间基本扭转这种被动的局面。但是，这一决定非但没有提高教师教研的积极性，反而产生了不少管理问题。

不过这一次，陈一平并没有大包大揽，而是试图以自己的实际行动去影响大家、带动大家。他经常说："孩子爱玩具，军人爱武器，为什么我们教书人不爱读书呢？读书就是与作者对话，可以陶冶情操、净化心灵，可以增强自己的责任感、使命感。读书是一种自我修炼，不读书，思想就会僵化。"

一段时间后，"钻风""取火""探索"等教研小组成立了，大家开始了每周四下午按部就班的教研活动。陈一平要求教师力求做到"三个结合"，即教研与课堂教学改革结合、教研与教风学风建设结合、教研与青年教师的培养结合。他希望每一位教师都能从心底认识到自己的使命，把教研的压力转变成提升的动力。

有这样一句话："自己选择的路，跪着也要走完。"在管理中我们会发现，在决策中，如果允许下属参与决策，他的积极性远比由领导一个人决策时的积极性高得多，这是他人肯定和自我肯定的共同作用。举个例子，一位年轻人放弃了优越的环境和安逸的工作，铁了心要"北漂"。在出发的时候，很多人都劝他不要选择一条如此艰辛的路，但他还是毅然离开了家乡，到北京闯荡。在外漂泊的日子自然不如在家的日子，他吃不好，睡不好，最要命的是已经过去两个月了，工作还是没有着落。到了第四个月，他的生活更加拮据了，他开始想念过去那段茶饭无忧的日子。但是，路是他自己选择的，为了向别人证明自己的选择是正确的，他没有放弃，而是继续向着自己的目标努力。就这样，他坚持“北漂”了三年，终于从一个无名小卒成长为一名500强企业的经理。

每个人都非常在意自己提出的想法，也愿意尽全力去实现自己提出的想法。所以，凡是自己花了心思的活动，参加的积极性一般都很高。陈一平让大家参与决策的原因就在这里。大家参与决策，在决策中达成一致意见，那么在执行决策的过程中就会尽力而为。

一个学期过去了，陈一平想看看一些青年教师的教学反思和学习笔记，这一看，他又大吃一惊！原来这些教师的笔记中详细地记录着他们的学习体会，方方面面、点点滴滴都在其中。他很感动，因为这不是普通的学习笔记，而是一部教师的专业成长史，是一串串教师与学生共同成长的足迹，更是教师用爱心谱写的青春之歌。如今，学校已把教师撰写教学反思作为一项制度来规定，并将之作为年度考核的重要内容之一。

20世纪60年代，美国著名社会学家罗伯特·莫顿首次将“贫者越贫，富者越富”的现象归纳为“马太效应”。陈一平以教研为突破口的“创强”活动同样印证了马太效应的神奇——学校的知名度获得了很大提高，很多教师也脱颖而出，成为省市骨干教师培养对象，在省市教学比赛中取得优异成绩。

马太效应经常为管理者所运用，如在招生管理方面。我们知道，普通学校由于待遇较低，常常吸引不了优秀教师，招不进来优秀学生，学校教学质量自然令人担忧；反过来，学校教学质量欠佳，又导致优秀教师调离和优秀学生流失，从而形成恶性循环。那么，普通学校怎样才能走出这个恶性循环呢？依照马太效应，学校应找准自身亮点，抓住机遇加大宣传力度，打造自己的品牌，这是迈出成功第一步的关键。有一所农村中学在几年前还是一所三类学校，其生源基础较差，学校生存状况堪忧。2010年，该校一名学生以本县高考状元的优异成绩考入北京大学，该校校长趁机打出一张“状元牌”，并借助各种媒体加大宣传力度，学校一时家喻户晓。

后来，又连续两年有学生获得该县高考状元桂冠，学校被当地老百姓誉为“状元学校”，一时名声大噪。这时，优秀教师纷至沓来，优质学生蜂拥而至，至此，学校走入了良性循环的轨道。

校长，是教师中的教师，其核心能力是协调能力；校长，作为学校的最高层管理者，其基本的管理职能是决策。决策是一门学问，怎样决策才卓有成效，每位校长各有各的方法。陈一平在学校决策中也有自己的思考，他认为，获得人心是决策的关键，即决策要顺应人心。现代管理重在管人，管好人就要从顺应人心开始。如果你能让大家心甘情愿地做事，并且爱戴你、拥护你，就说明你是一名优秀的领导者。

妙招三　小事共享，凝聚人心

得人心者得天下。领导若想获得下属的支持和拥护，就应先赢得下属的信任。那么，领导如何赢得下属的信任呢？

最让下属难以接近的领导类型是专制型领导。通俗来讲，就是领导掌握权力，下达命令，不能容忍下属有任何违抗行为发生，说一就是一，无人可以动摇他的意志。陈一平也遇到过这类领导。

那是一位中学校长。国庆节就要到了，适逢这所中学新建教学大楼，所以学校准备借节日之际开一个庆祝大会。学校领导召开了节日庆祝活动的准备工作会，没想到遇到了麻烦。

以往，该学校庆祝国庆的传统节目是文艺演出，每年这个时候，大家都要为演出忙碌。今年校长说要隆重一些，还要进行文艺节目的评比，大家更是不敢懈怠。有的教师在上课时间把学生抽出来练节目，耽误了学生上课；有的家长想让孩子参加活动，但没有选上，也有了意见。在准备工作会上，校长要求大家讨论如何搞好庆祝活动。一位教师首先开口：“校长，我们国庆总是搞文艺演出，没有什么新意，而且没有节目的学生家长还有意见，不如改为游艺会或别的什么活动。”另一位教师附和道：“是啊，××学校就是以班为单位搞活动，还请家长参与，家长很高兴，学生也开心。”校长说：“文艺演出是我们学校的传统，既有特色，又能展示我们学校的素质教育水平。况且，今年又有教学楼竣工的大事，更应该好好庆祝。计划已经定好，不能更改。至于家长有意见，可以让全体学生都上场嘛。”又一位教师说：“可是您说要评比，学生都上该没有质量了。”校长说：“你们想想办法嘛。”一位教师说：“很多刊物上都说文艺演出弊多利少，人这么集中，万一有个闪失怎么办？很多学校都不再搞了……”校长立即打断他的话说：“别人是别人，我们是我们。”一位教师问：“我们为什么一定要文艺演出呢？”校长说：“因为这是我的规定！”再也没有人说话了。

从此以后，大家私下里达成了一种“默契”：“再也别提什么建议了，反正是他一个人说了算。”

我们可以看出，这位校长对教师的意见根本不重视，这对于教师集体凝聚力的形成是非常不利的。在上下级的交往中，沟通非常重要，如果下级愿意把自己的意见分享给领导，那么可以从侧面反映出两人之间具有和谐的交往关系。再进一步说，如果下级除了把公事反映给领导外，还愿意把自己的一些私事与领导分享，那么两人的关系一定已经到了比较亲密的程度了。我们再来看看下面这位校长的表现吧。

李校长是一名优秀校长，已有50多岁了。他是一个非常注重细节的人，大家对他的评价都非常好。让大家最佩服的是，他与任何年龄段的教师都相处得非常融洽，他与刚入校的年轻教师、富有经验的中年教师、与他年龄相近的老教师都能在茶余饭后聊个不停。李校长对每一位下属都非常关心，每一年的新年来临之际，他会给每一位教师发短信，不是群发，而是根据自己对各位教师的了解编写不同的祝福语，甚至题一首小诗。虽然只是一条小小的短信，却收到了很好的效果。另外，对青年教师的婚姻问题，他也常以朋友或长辈的身份予以重视，很多教师家里办喜事也邀请他参加；对中年教师的子女入学问题，他也尽可能地给予关照；对退休在家的老年教师，他更是经常拜访。这样的校长怎能不深得人心呢？

李校长一般不在家里吃晚餐，这个习惯已经持续好多年，从他当上副校长就开始了。那么每天与他共进晚餐的又是谁呢？就是他的同事。刚开始，是由于学校大力推进课改，教师们持续进行了一个多月的高强度工作，教师的压力都很大，他们的情绪开始变得不稳定，一副心事重重的样子。那段时间，几乎每天下班后李校长都请一些教师吃晚餐，趁着晚餐的时间与教师们谈一些工作上、生活上的事情。渐渐地，晚餐餐桌几乎成了李校长与教师们分享工作、生活琐事的平台了。尽管每次吃晚餐都得花上几个小时，但李校长非常开心，他喜欢听教师们的故事，很多时候他也会把自己身边的故事与教师们一起分享。李校长常常对大家讲这样一个故事。

一天下午放学后不久，毛老师就接到副校长打来的电话，告诉他有家长投诉他，说他打了一名学生的头，还打出了一道血口子。

毛老师当时就惊呆了：怎么可能呢？自己是从来不碰孩子的头的！从教 20 年，他看到过一些教师无意中伤害学生造成了很多麻烦事，所以他从不体罚学生，更不会去打学生。这一观念已根深蒂固，他绝不可能犯这样的错误，可学生为什么说自己打了他的头呢？

越想越不对劲，毛老师决定打电话与家长沟通，可是家长没有接他的电话。于是，他决定第二天早上就在教室等待那个学生的到来，当面了解情况。

第二天，学生来了，是他母亲送来的。学生的母亲见到毛老师，连招呼都没有打就走了。毛老师没有强留她，而是走到学生旁边，仔细观察他的头，结果在他的额头处发现了一道头发丝那样细的大约 1 厘米长的伤口。毛老师问他："你说毛老师打了你的头？什么时候打的呀？"学生默不作声。毛老师接着轻声问周围的几个学生："你们看见我打这位同学的头了吗？"那几名学生都说没有。那学生为什么要回家说谎呢？毛老师真的有点搞不清楚了。

下午放学后，该家长又来接孩子了。这次她看见毛老师主动打了招呼，而且解释道："毛老师，对不起，这是一场误会。我问了班上的同学，他们都说你没有打我的孩子。是我的孩子不对，他说了谎，对不起！"毛老师并没有计较，而是与她友好地交流起来："今后有什么事情最好与老师直接联系，以方便了解真实情况，不然引起误会对大家都不好。”

李校长说：“毛老师遇到的这类事情本是小事，但如果处理不好，就会变成大事。我希望在事情还‘小’的阶段，大家就能主动分享，这样处理起来就容易。”

“不积跬步，无以至千里；不积小流，无以成江海。”的确如此，小的力量逐渐积累起来也是非常强大的。要赢得一个人的心，就可以从分享身边的小事开始。在管理学上有一个定律，叫作“累积定律”，是说所有的伟大都是由无数的微小积累而成的。在陈一平看来，在管理中赢得大家的支持、得到大家的信任，也是要通过无数的小事累积才可以的。但要做到这一点，首先要有一双善于观察身边小事的眼睛。

说到这里，想起了一个朋友的故事。朋友与部门同事外出聚餐，大家坐下来后聊天聊得非常起劲。主任点好菜后走到她身边说：“我们换下位置吧。”当时，朋友坐的位置刚好靠近门口，她不明白主任为什么要与自己换位置，但她还是同意了。等到服务生上菜的时候，她才明白，门口的位置是服务生上菜最容易碰到的地方，主任为了防止因上菜弄脏她的衣服，就主动跟她换了位置。就是这样一个小小的举动，让朋友非常感动。

什么是观察？所谓观察，就是用眼睛去看，要远“观”近“察”，事事留心，时时注意，并养成一种习惯。被誉为“世界短篇小说之王”的法国作家莫泊桑曾拜当时著名的作家福楼拜为师。一天，他把自己坐在屋子里编的准备写成小说的故事讲给福楼拜听。福楼拜听后，说：“我劝你不要忙于写这些虚拟的东西，你每天骑马到外面转一圈，把路上看到的一切准确、细致地记录下来。”莫泊桑意识到福楼拜是教他首先学会用眼睛去观察生活、认识生活，练好观察这一基本功，于是，他花了一年左右的时间，每天外出观察，终于写成了小说《点心》。莫泊桑一直保持着这个习惯，最终成为世界著名的小说家。莫泊桑在总结自己的创作经验时说：“对你所要表现的东西，要长时间很注意地观察它，以便发现别人没有发现过和没有写过的特点。任何事物里，都有未被发现的东西……”鲁迅也曾说过类似的话：“留心各样的事情，多看看。”写文章如此，与人交流也如此。陈一平谈到，要在聊天的话题上捕获教师的“芳心”，就必须在日常生活中多关心他们，从小事入手。校长是大事的决策者，但在茶余饭后与教师们聊聊生活琐事，更容易与他们拉近距离，与他们建立更加亲密的关系。

作为校长，大家都认为陈一平应该干大事，不应该管小事。但陈一平认为，校长虽然不能事事亲为，但在学校管理中应该“从细节中来，到细节中去”。哪怕只是学校管理中非常细小的一部分，陈一平也非常用心，力求给学生和教师营造一个良好的学习、工作环境。

德国工人之所以能赢得世人的高度赞叹，一个重要原因就在于他们对细节的执着追求。“学校无小事，事事有教育；教师无小事，处处是楷模；管理无空白，时时能育人。”细节是学校教育质量和服务水平的有力表现形式，学校领导者只有细致入微地审视自己的管理过程，注意细节，精益求精，才能让学校更好地发展。

陈一平常说，细节决定成败，细微之处才见真功夫。从学校标语牌的设计，到办公室、教室的布置，点点滴滴，仿佛都在述说着他的体贴、他的智慧、他的认真。他还常说：“做什么事都要认真。认真了，事情就可以办好。”很多学校缺的不是好的理念、好的制度，而是不能把好的理念和制度从细节上做好、做足、做完。陈一平认为，任何一件事情都是由无数个细节构成的，如果把握不了细节，也就无从谈完美。

在生活中，有的人只是用“手”做事，他们只顾努力，不讲方法；有的人只是用“嘴”做事，他们无视事实，凭空捏造；有的人用“心”做事，他们注重细节，精益求精。很多人都听说过“差不多先生”的故事吧，无论做什么事，他总是说“差不多就可以了，何必太在意”。赶不上火车，他会问：“一分钟与两分钟差不多，为何不多等一等呢?”做错了事，他就会说：“我做得也差不多，只是运气不好罢了。”听过这个故事，笑过之后，我们应思考：不注重细节的“差不多先生”为何一次又一次失去成功的机会呢。要想做好工作光有干劲是不行的，还要讲究细节。任何成功都是从细节开始的。

第五章

识破协作陷阱

每个人都希望得到别人的信任、尊重和赏识，获得与别人协作的机会。但是，成功的协作并不是偶然产生的，每一次协作都必须遵循很多原则。不了解协作关键的人，容易在不知不觉中掉进协作的陷阱中。那么，领导者该如何提醒团队成员避免这些陷阱呢？陈一平在十几年的教育管理中，就有好几次识破协作陷阱的惊人表现。他到底有什么诀窍呢？

在人际交往中，我们对协作对象的选择是非常慎重的。因此，要想获得较多的协作机会，首先要从自身出发，进行自我认识，看看自身是否存在某些让别人不愿意与自己协作的陋习。一旦出现这样的情况，必须马上纠正，不然就会失去难能可贵的协作机会，错过成功的机遇，甚至在人际关系上弄得一团糟糕。陈一平就曾经目睹过不少下属困在协作的陷阱中难以挣脱。他是怎样帮助他们认识问题、解决问题的呢？我们又能从中获得怎样的启发呢？

古话说："行僻自用，无礼诸侯，则亡身之至也。"一个人如果过分地自以为是、刚愎自用，不接受别人的意见，那么肯定无法得到别人的信任和青睐，更不用说与人协作了。但在大部分的团队中，都存在一两个这样的人。

学校第一次进行家校会议，大家心里都非常激动。很多家长代表早早就来到了会议室，其中好几位家长打扮得比往常更漂亮得体。看到这情形，肖副校长暗想：以后的家校会议一定会越办越成功。筹备了大半个月的家校会议终于开始了，肖副校长和其他同事纷纷落座，整个会议室立刻安静下来。然而，教导处张主任看了看签到本，皱起了眉，因为还有两位家长没到，这两位家长都是机关科室的人员。肖副校长和张主任商量：开会时间到了，不好拖太久，赶紧打个电话催催吧。张主任马上拨打电话，可是都没有人接听。会议室中的家长你看我，我看你，面面相觑，气氛一时陷入尴尬。

第一次召开家校会议就有家长给学校"下马威"，这对学校而言，显然是难以接受的。过了足足10分钟，会议室的门终于被推开了，那两位家长嘻嘻哈哈、不紧不慢地走进了会议室。会议室里的家长和学校领导的脸色马上变了，大家对这两位家长的印象自然大打折扣。

肖副校长见人齐了，也没对这两位家长多说什么，就赶紧开始了会议。在会议上，肖副校长请家长提出自己对学校管理的意见，家长一下子众说纷纭。这时候，两位迟到家长中的一位——黄某争着开口说："让我先讲，我的时间很宝贵！"尽管她摆出一副命令的样子，可是因为会议室的议论声比较大，大家都说个不停，自然没有多少人理会她。这时候，肖副校长赶紧维持会议的纪律，要求家长安静下来，一个一个地说。肖副校长看出黄某的小情绪，就安排她先提意见。她第一句话就说："我觉着咱们学校比不上××学校，你看人家的设备多先进……"这让肖副校长和在座的家长都很意外。按照常理来说，学生和家长对教师都是比较尊重的，而且，尽管学校有这样那样的不足，但是出于礼貌，一般不会当众随便说出。肖副校长为了缓和气氛，就赶紧让其他家长发言。整体而言，这次会议开得还是比较成功的，但黄某给教师和其他家长留下了不太好的印象。

黄某的话好像表明她看不上学校，事实上并不是这样的，为什么这样说呢？因为黄某的孩子是转学进来的。之前，黄某的孩子成绩很差，性格、脾气也很怪，在原来的学校与其他学生的关系比较糟。后来，因为家长工作调动，搬了家，孩子也得换学校。当时，黄某找到陈一平，希望孩子能够进入他所在的学校上学。当时学校的确还有学位的空缺，再加上黄某一家已经搬到这一学区了，于是陈一平就给予了安排。之前，陈一平特意对孩子进行了了解，知道孩子在过去的学校中表现得不太好，经常被批评、被责罚，不太愿意上学。因此，他特意将孩子安排在一个由高级教师担任班主任的班中，希望能够让孩子有所转变。一个学期下来，孩子的成绩的确有了进步，而且他非常敬佩自己的班主任，很听班主任的话，在纪律、学习、性格方面都比以前进步多了。肖副校长之所以请黄某来参加家校会议，是希望她能够分享一下孩子的变化，但是万万没想到，她一登场就给学校来了个措手不及。

说到黄某这个人，我们先来谈谈她的性格。首先她绝非不懂感恩和不厚道的人。在她的孩子刚入学的第一个月，学校进行了月考，其月考成绩很不错。刚刚我们说过，孩子非常敬佩他的班主任，而班主任郭老师是教语文的，所以，孩子开始努力学习语文，在这次月考中他的语文成绩排到了全班第三，这样好的成绩是孩子以前从没有得到过的。当时，黄某就拿着一个果篮到办公室要送给郭老师，以示感谢。郭老师推辞了好几回，黄某还是不断地送过来。最后，郭老师只好把果篮收下，将水果分给了班上的学生吃。

由此可见，黄某并不是不懂得感恩，但她有一个特别大的缺点，就是偏执。有一次，黄某的孩子在走廊上玩，隔壁班的老师发现他总是往楼下扔石头，出于责任感，他将这件事告诉了郭老师。郭老师听说此事，就在放学的时候对黄某说明了情况，让她多留意一下孩子在家是不是也有这个坏习惯，如果有，就要帮孩子改正，免得发生意外。这本来是一件很平常的事情，而且从教育孩子的角度来说，也是一件好事。但没想到，黄某说那只是小小的石头，没有砸着人，没那么严重，没关系。不单这样，她还到处跟其他家长说郭老师太小题大做了。总之，她认定的事情就绝不松口，也不轻易接受别人的意见。心理学研究得出，一个偏执、不愿意接受别人意见的人，难以与别人有较好的协作关系，原因有两个。

第一，从个人角度而言，容易“自我膨胀”。这类人往往都有比一般人技高一筹的地方，会在潜意识里把自己的一些过人之处无限放大，导致自我感觉过于良好，严重的还会演化成觉得自己什么都好，别人什么都不行的态度。“我是科级干部，是从城里搬来的，学校也得请我来参加家校会议，你们普通家长怎能跟我比？”这就是黄某的想法。

第二，从团体的角度而言，难以配合工作。偏执的人往往以自我为中心，自以为是，敏感多疑，心胸狭隘，对一些常人能够容忍的事情或刺激，不但难以忍受，还会做出过激反应。这种性格常常导致其难以与人沟通，不愿意配合别人的工作，更不容易接受别人的安排。

举个例子，现在很多旧城区的房子要被拆除，当然，当地的居民都能拿到或多或少的补偿，但这世界上有一种人，不管我们给出怎样的条件，软硬兼施，他就是不肯搬。我们把这种人称为“钉子户”。同理，在团队中，一个偏执的人不管别人如何与他商量，他就是坚持自己的观点，丝毫不动摇当初的立场，他甚至会说：“你要是不同意，我就赖着不干，看你能把我怎么样。”要是团队中都是这样的人，还怎样开展工作呢？更糟糕的是，这种人常常会破坏团队本身的凝聚力。领导好不容易把团队成员的士气煽动起来了，这时若有一个人不情愿，就可能把事情给搞砸了。

肖副校长因为刚上任，对很多事情都担心自己处理得不好，就到办公室找陈一平聊天，两人一边喝茶一边聊起了这件事。陈一平对肖副校长说，对待这一类有一定影响力却又不愿轻易配合的家长，我们必须采取“同船”策略。

在管理中，我们也遇到过类似的情况：有的人有一技之长，就喜欢在各种场合表现自己，过于以自我为中心，容易陷入思维误区，在决策时以及在人际交往中容易得罪身边的人。他们不屑于加入团队，就算是加入了团队，也不愿意为团队奉献力量。

在生活中，我们可以发现长得漂亮、头脑聪明的人的在人际关系上一般分两种：一种是高冷型，人际关系不怎么好，大多时候都是我行我素；另一种是大众情人型，身边有大量的朋友，男生女生都喜欢他。其实，漂亮、聪明就像一个光源，如果时时刻刻让这个光源发光，那么他身边的人肯定会觉得自己太过黯淡，总有一天会离他而去，所以我们常说“财不外露，美不张扬”。

陈一平的“同船”策略主要是要让黄某自觉地意识到，自己必须在团队里才能有更好的发展，因此要融入团队，要获得团队支持，要与团队成员相互配合。用寓言家克雷洛夫的话来说就是让她知道“一燕不能成春”。

为了让大家更好地理解“同船”策略，我们讲个故事。以前有一对夫妇经常因为一些小事争吵，丈夫嫌弃他的妻子做事太拖拉，不喜欢她的做事方式，妻子也嫌丈夫做事太粗心大意。反正两人总是相互嫌弃，从来不愿意相互协作干好一件事。甚至有一次他们的儿子过生日，他们也分两次来摆宴席，各自按自己的方式进行。后来丈夫的父亲实在看不下去了，就带着他们两人到岛上去钓鱼，到那儿后，父亲把一根鱼竿给了自己的儿子，又把仅有的几个鱼饵给了自己的儿媳妇，希望他们两人能一起钓鱼。但经过很长时间的争吵，他们还没能统一意见。丈夫认为应该到小岛的另一侧去钓，那边人少，鱼一定比较多。而妻子为了安全起见，不愿意去小岛的另一侧，也不肯把鱼饵给丈夫。他们一气之下打算回家，却发现父亲已经把船开走了，只留下他们俩在小岛上。这时候，两人已经饿得不行了，只好各自退让一步，选择大家都能接受的方案钓鱼。慢慢地他们发现，两人协作还是很不错的，钓的鱼也比想象中的要多。丈夫发觉妻子的想法也是有道理的，妻子也开始认为丈夫也是一个挺有头脑的人。

所以，要让一个人尽快地体谅和更好地理解他人，最好的方法就是让他们形成相互依赖的关系，从而达到在同一环境下的换位思考。这样，他们就可以更全面地看待对方的优缺点了。

陈一平为肖副校长出了一个主意，即让黄某担任第一届家长委员会的秘书长，负责与其他家长沟通，代表家长向学校反映意见和建议。除此以外，肖副校长还设置了一个限定条件：黄某担任秘书长一学期后，家长再重新投票选举，根据投票结果确定她能否连任。另外，陈一平特意安排了一位比较高傲的教师担任家长与学校协作的负责人。这样的方法能够带来两个好处。

第一，通过职位的设置，提高归属感。要使一个人真心真意地为团队办事，首先要增强其对团队的归属感，这样他才会乐意为团队的发展做贡献。要达到这一目的，最直接的办法就是将个人的利益、荣誉与团队的发展挂钩，让个人与团队形成相互依存的关系。所以，陈一平为黄某设置了这样的一个职位，不管黄某做得怎样，但至少可以保证她会与学校站在同一条战线上。

第二，以强制强，相互牵制。在管理上有互补型的协作，也有以强制强型的协作。像黄某这类有一定背景、性格又比较偏执的人，既然对她来软的不行，那就只能来硬的，找个比她更强的上司，以磨平她的棱角，同时使她在对方的身上看到自己的问题，从而更好地进行自我认识。对于陈一平而言，安排这样的两个人协作，就可以在一次协作中同时解决两个人的问题，达到一箭双雕的效果。

协作的学问很多，也有很多禁区。协作的成员往往并不是我们能选择得了的，所以很可能出现组内成员各方面能力参差不齐、性格各不相同，甚至还有很多人不了解与人协作的奥秘等情况。如果领导者能够做好示范，具备与不同的人相处与沟通的能力以及识破人与人沟通协作的陷阱的能力，就一定能够建设出非凡的团队。陈一平在十几年的教育管理生涯中，已经练就了一双“火眼金睛”，能够迅速地洞察破坏协作关系的几个关键问题，我们来看看他是如何识破这些协作陷阱并迅速转危为安的。

方法一　识破“居功自傲”陷阱

欲望会伴随人的一生，但有些欲望是要不得的，如不合法的利益；有些荣誉也是要不得的，如别人的荣誉。但有一种人，很喜欢把自己的优点放大，甚至把别人的利益和功劳都归到自己身上。这种人往往比一般人更容易在协作中碰壁。举个例子，经理分配了一项任务，要求你和一位同事共同完成。任务分为两部分，你做A部分，同事做B部分。今天老板心情很好，就拿着下午茶到办公室请大家喝，在闲聊的时候，顺便问了一下A部分的情况。结果，你的同事马上说这部分已经完成得怎么样了，说这是他做的，还说做这部分把他累坏了。这样的情况下，你能受得了这样的委屈吗？你愿意跟这样的同事交往吗？

陈一平就遇到过这样一个居功自傲的人。其实，并不是人人都有“自傲”的资本，一般来说，自傲的人都是些有本事的人，爱出头，不甘心输给别人，而且内心往往比较脆弱，自尊心强，不能承受太大的挫败。所以，作为领导，要是身边有那么一个“居功自傲”的人，在帮助他改正陋习的过程中就要注意把握好尺度。吕品老师是一位特级教师，她的教学能力很强，别说在学校里没几个是她的对手，就是在市里也是数一数二的。一个人性格的形成原因有很多，其中家庭环境的影响特别大，我们首先来看一下吕品老师的家庭情况吧。

吕品老师是在一个比较穷困的家庭中出生和长大的，可是她的几个叔叔非常有钱，因此，她从小就被自己的堂兄妹看不起时，每逢过年过节聚在一起，很多亲戚就会把她和几个堂兄妹做比较。我们可以想象一下：一个是穿得漂漂亮亮，从小被捧着，养得白白净净，嘴巴又特别甜的女孩；

一个是整天在家忙着干农活，小手已经被磨得有点粗糙，即使到了新年也不一定能穿上新衣服的女孩。这样一对比，吕品自然显得比较逊色。吕品知道大家都看不起她，因此更加发奋学习。结果长大以后，吕品成了他们当中发展得最好的人。小时候，吕品的姐妹多，由于经济原因，父母就把其中两个妹妹送给亲戚养了。当时吕品已经到了懂事的年龄，她看到自己的两个妹妹被送到家庭条件不错的人家去，能够吃得好、穿得好，就非常羡慕，甚至对父母不把自己送人而感到伤心难过。但实际上，吕品的父母对她是非常疼爱的，在当时可以上学读书的人本来就不多，特别是女孩。吕品作为一个农村女孩可以一直读到中师，确实不简单。而且，我们可以想象到她的意志力肯定也是非常坚强的。终于，吕品通过自己的不懈努力熬过了苦日子。

有一句话是这样说的："一个人的运气总量是一定的。"吕品在小的时候吃过很多苦，走上工作岗位之后就走得特别顺了，近几年屡屡获得表现的机会，而且都做得相当不错，所以年纪轻轻的她用了不长的时间就被评上了特级教师。但随着她的名气越来越大，她的傲气也越来越大。心理学研究表明，一般在贫苦中出人头地的人很容易陷入清高自傲的陷阱。《唐语林》记载：著名的诗人李绅当上了尚书，他非常自傲，认为自己在这个地方可以横着走路了，人人都要敬他三分。有一天，他在开封桥经过的时候，被人挡住了前路。于是，他的手下抓了一个没为他让路的人，结果那人的一段话令李绅大惊失色。那人道："某勤政楼前，尚容缓步，开封桥上，不许徐行?"难道"汴京大于帝都? 尚书尊于天子?"原来对方是皇族!

同样，吕品老师的能力越强，她身上的傲气也越重。有一次，陈一平安排她带领教师参加镇示范课比赛。学校对参赛人员的选拔是比较严格的，所以能够参加的人并不多。但是在那一年，由于有几个年轻有为的教师调入学校，入选的人数就比往常要多一些。每个比赛队伍都有一位带队教师，这个带队教师的分量其实在一定程度上影响着比赛的结果。因为带队教师实力强，那么他所带的队员也不会差到哪儿去；如果带队教师的实力不高，那么他所带的队员也就不用说了。所以，陈一平就派吕品老师做学校参赛人员的带队教师。

比赛结果在意料之中，陈一平所在的学校拿了第一名，每一位队员都非常高兴，陈一平就请大家吃饭。当中有一位陈老师是负责上台展示团队成果的，在展示成果的环节中，由于设备问题，原来做好的课件出了点差错，很多图片和文字播放不出来。幸好陈老师对比赛材料非常熟悉，灵活地做了调整，完整地完成了整个展示。因此，在饭桌上大家都称赞陈老师做得好。但当陈一平上洗手间之后，一直没发话的吕品老师开口说道："你们有什么好得意的，要不是看在我的分上，你们连参赛的资格都没有。"这话一说，其他教师都黑了脸。

后来，有人将这件事告诉了陈一平。陈一平心里明白，吕品老师的确有过人之处，学校也需要她，但自己作为领导，绝不能让她因为居功自傲而毁了自己。他知道吕品老师有个缺点就是字写得不怎么样。吕品老师的大部分能力都是在工作后得以提高的，当时她尽管考上了中师，但是农活比较多，她根本就没有太多的时间用来学习，所以，从小字就写得不怎么好，工作后，她也练过字，但成效不大。针对这一点，陈一平特意举行了一次教师书法大赛，打算通过这次比赛对吕品老师进行提醒，同时趁着这个机会挫挫她的锐气。可想而知，吕品老师在书法比赛中一点优势都没有，反倒是经常被她责骂的几位年轻教师在毛笔字和硬笔字上都表现得非常出色。在这次书法比赛后，陈一平找吕品老师到他的办公室喝茶聊天。聊天内容的大意是这样的：你在我们学校一直担任骨干教师，大家都知道你很优秀，在这次书法比赛中没有获奖挺可惜的；那几位年轻教师都是书法高手，以你的学习能力应该很快可以从她们身上学到一招半式。吕品老师是个聪明人，她马上明白了陈一平的用意。

古人有句话："穷则独善其身，达则兼济天下。"在一个团队中若总是某一个人占尽风头，就会显得他的胸襟狭小，因为他不懂得将机会让给别人。能者更应该懂得帮助身边的人进步，这样才能获得更多人的认可。举个简单的例子，在办公室有个人总是锋芒毕露，同事表达看法他插嘴，领导有任务他抢着干，总之，在哪方面他都要使自己成为焦点，获得赞誉。作为同事，你喜欢接近他吗？一个人要是过分地表现自己，甚至把别人的功劳抢过去，尽管在短时期内可以获得一定的心理满足，但也为未来埋下了危险的种子。一个人过分地张扬自己，不管多么优秀，都难免遭到明枪暗箭的攻击。

在《三国演义》中，大家对诸葛亮这个人物应该是再熟悉不过了。今天要跟大家讲一讲诸葛亮兄长诸葛瑾的儿子——诸葛恪。诸葛恪小的时候就展现出才思敏捷、天赋过人的特质，大家都认为他的才能超过了其父诸葛瑾。有一个“诸葛恪得驴”的故事可以证明他的聪明机智。诸葛瑾面孔狭长，常被人取笑像驴，一天，孙权聚集大臣们，让人牵一头驴来，用笔在纸上写了“诸葛子瑜”（“子瑜”即诸葛瑾的字）四个字，贴在驴的脸上，众人哈哈大笑。诸葛恪跪下来说：“我乞求大王让我用笔增加两个字。”孙权听从了，把笔给了他。诸葛恪接下去写了“的驴”二字，于是，孙权就把这头驴赐给了诸葛瑾。诸葛恪用他的聪明才智为父亲摆脱窘迫这件事从侧面衬托出他的聪明，可以从中看出诸葛恪是一个才思敏捷、善于应对、聪明机智的人。但诸葛瑾没有为自己有这样一个好儿子而感到高兴，反而觉得诸葛恪会给家族带来不幸，因为诸葛恪性格急躁、刚愎自用，而且太喜欢表现自己。的确如诸葛瑾所担心的那样。一开始，诸葛恪凭着自己的机智取得过一些成绩，他曾率军征讨山越，几乎所有人都觉得那是不可能成功的事情，但他成功地平定了山越。公元 252 年，诸葛恪战败魏军，在吴国的声望达到了顶点。然而，诸葛恪掌权后独断专行，引起众怒，最终被吴主孙亮与大臣孙峻设计杀死，他的家族也被夷灭。

可见，从古到今，那些过分表现自己的人，大多数都会在张扬中渐渐迷失自我，变得独断专行，造成决策上的错误，导致不可挽回的局面，最终失去至亲至信。

陈一平欣赏吕品老师，所以他必须及时对她进行提醒：万万不能因为自己做出了一点点成绩就自命不凡、恃才傲物，否则如此下去，骄狂、张扬的性格一定不利于她更好地发展，必须让她尽快脱离这一协作的陷阱。

方法二　识破“利益至上”陷阱

吕品老师的骄狂使她的人际关系受到了负面影响，失去了很多与他人协作的机会。但如果一个人过分看重个人利益，失去的就不单单是协作的机会了。一切向利益看齐的人容易使协作者对其丧失协作的信心。

期末考试后的一天下午，陈一平正在办公室与两位外校的同样从事教育的朋友在聊天。这时，一位六年级学生的家长关某敲开了校长办公室的门，关某一见陈一平就急着想说自己的事情，发现有两位客人在，就退了出去。这时候，陈一平跟两位朋友打了声招呼，就随同家长一块到走廊聊天去了。

原来关某是为了孩子的期末成绩而来的。关某对陈一平说，她的孩子娜娜从小语文成绩就差，作文总是不会写，现在都到六年级了，作为家长，她心里非常焦急。半年前，关某听说李老师在做有偿家教，一个月需要交 300 元。虽然要花不少钱，但关某想到如果能使孩子的语文成绩提高，那就算值得了。于是，关某让孩子参加了李老师的课外辅导班。一个学期过去了，娜娜在这次期末考试中的语文成绩比过去还要差，这让关某非常生气，就去找李老师理论。没想到李老师竟然说，300 元主要是用来补习基础知识和辅导作业的，娜娜的语文水平太差了，要想让她的成绩有明显的提高就得交 500 元。就这样，一下子惹怒了关某，她就气冲冲地跑到校长办公室找到了陈一平。

关某的话马上引起了陈一平的重视。但目前最重要的还是要缓和家长的情绪，让事情不再恶化。于是，他拿来了成绩单和试卷，查看了娜娜的语文成绩。陈一平对比了娜娜这学期的每一次语文成绩，对关某说：“其实你不用太担心，你看娜娜的语文基础还是挺好的，她的基础题分数一直都不错，就是作文扣分较多。”他还为关某分析道，这次娜娜主要是作文写跑题了，并不能说分数低了就是退步了。陈一平接着对关某说：“多给娜娜一点时间，她肯定能追上来的。我看她的英语和数学成绩在班上都排在前几名，下一年考好的中学是没问题的。”关某听校长这样夸自己的女儿，气就顺了。但关某坚持要求下学期必须给娜娜调换班级，她实在无法忍受李老师再当自己孩子的班主任了。陈一平同意了关某的要求，并向关某保证一定会把李老师有偿补课的这件事调查清楚，要是情况属实，陈一平会代表学校向关某道歉。

家长的事处理好了，陈一平还得继续接待自己的客人，直到晚上他才有时间静下来思考。对于家长投诉的有偿补课的事，陈一平的心里很不好受。他想起了不久前发生的两件事。陈一平在两个月前提议李老师去参加教学比赛，李老师却问了一句：“参加这项比赛有补贴吗?”陈一平摇了摇头，李老师马上说：“那我不参加。”。还有一次，陈一平约五年级级组的教师吃饭，唯独李老师没有去，陈一平就将饭菜打了包让一位同事给李老师送去。送饭的同事回来后跟陈一平说，李老师不愿给她开门，让她把饭放在门外。那时，陈一平已经对李老师有偿补课有所怀疑了。通过以上两件事，我们可以看出李老师是一位非常看重金钱的人。陈一平打算找个时间约李老师出来谈谈，可就在这时候，他收到了李老师发来的一条短信，内容是她想辞职。陈一平觉得不太对劲：有偿补课的事还没往外传，事情的结果还没确定，她就这么急着辞职，这是怎么回事？于是，陈一平打电话问了好几个人，最后才知道之前有一所民办学校要聘请李老师，李老师答应对方在下学期过去。陈一平听完，一下子就明白了，难怪今天家长来办公室投诉后，李老师没有急着来向他解释，原来早有后路。陈一平也没多说，直接就同意了她的辞职请求。

有这样一个故事：一位推销员推销一本书，一个人本来不想买，但是他翻看时竟然发现书里面夹有一张100元的钞票，就改了心思，用50元买了下来。这样做能白得一本书，还倒赚50元，怎么想都是很合算的。谁知，过了一会儿，推销员又回来了，说书里有母亲寄给他的300元钱，还说他记得钞票的编号。这个人自然不肯给他，因为书里只有一张100元，推销员明显是来诈骗的。但是这个人又不得不给他，因为事情闹大了影响不好，最后只好花钱消灾。

从这个故事可以看出，人性的弱点之一就是贪小便宜。一个人如果为了钱财连自己的职业道德和团队利益都抛之脑后，肯定是要不得的。陈一平没有挽留李老师，他知道，她尝到了利益的甜头，怎舍得放弃？陈一平只是在她辞职的时候给她送上了一封提醒信，婉转地表达了自己的意思，并祝愿她在新的单位中获得更好的发展。

方法三　识破“纸上谈兵”陷阱

一大早，陈一平接到了一通电话，是一位熟悉的领导打来的。他给陈一平带来了一个好消息，上级安排了几个人到乡下支教，优先让陈一平来教育局挑人，免得晚了，好教师都给别人挑走了。陈一平一向是个惜才之人，一听说可以挑选教师到本校工作，自然开心得不得了。另外，陈一平所在的学校有一位教毕业班的教师怀孕了，请了产假，学校正缺人手。所以，陈一平接完电话就急匆匆地赶往教育局，希望早一些见到新教师。陈一平看了这几位教师的档案，有两位他比较喜欢，一位是林老师，刚刚从名牌大学毕业，另一位是王老师，从普通大学毕业，工作已有两年。最后，陈一平选择了王老师，这让上级领导非常费解。为什么陈一平会做如此选择呢？陈一平这样做出于两个理由。

第一，这次新教师的加入跟一般的聘用教师不一样，这些教师只在学校逗留一年。从长远来看，林老师的确是潜力股，但现在时间有限，在短时间内，王老师能够创造的价值一定比林老师多。

第二，陈一平认为，刚刚毕业的大学生不缺少专业知识，但缺乏实践经验，往往会犯“纸上谈兵”的错误。

前几天，陈一平跟一个朋友一起吃饭，这个朋友是村干部。他跟陈一平发了一通牢骚，说他的领导换了，由一个退伍军人来担任，这位新领导不了解村里的情况，一上任就说要改革，结果搞得一塌糊涂。陈一平认为朋友的抱怨没错，理论要结合实际才能奏效。管理学与经济学不一样，它追求的是在众多现实的限制条件下的最好效果。在管理学上，我们决策一件事情时，会找出很多因素，然后比较其权重，最后决定如何选择。就拿选教师而言，“纸上谈兵”是新教师的通病，陈一平根据自己的需要选择王老师是比较谨慎和合适的。

说起纸上谈兵，想起这样一个童话。

春天到了，小动物们都忙着种菜种瓜，只有狐狸东游西逛，什么事情也不愿意做。

这天，他来到熊大哥的家门口，看见熊大哥正准备翻地。他走过去问：“熊大哥，你准备种什么呀?”熊大哥说：“是你呀，狐狸！我打算种红薯，你准备种什么?”狐狸拍了拍胸膛说：“我想种西瓜。夏天吃西瓜，又甜又解渴。到时候我送你一个。”

与熊大哥说了再见，狐狸又来到山羊姐姐的家门口。山羊姐姐正准备浇地。他走过去问：“山羊姐姐，你准备种什么呀?”山羊姐姐说：“我打算种白菜，你准备种什么呀?”狐狸摇头晃脑地说：“我想种人参，多有营养啊。到时候我送你一支。”

离开山羊姐姐的家，狐狸又来到兔子弟弟的家门口。兔子弟弟正在地里撒种子。狐狸走过去问：“兔子弟弟，你在种什么呀?”兔子弟弟说：“我在种萝卜，你准备种什么呀?”狐狸神气地昂着头说：“我想种草莓，又酸又甜真好吃，到时候我送你一篮。”

其实，狐狸根本什么都没有种，只是嘴里说说罢了。

转眼秋天到了。熊大哥带来自己种的红薯，对狐狸说：“狐狸狐狸，我请你吃红薯。”山羊姐姐带来自己种的白菜，对狐狸说：“狐狸狐狸，我请你吃白菜。”兔子弟弟带来自己种的萝卜，对狐狸说：“狐狸狐狸，我请你吃萝卜。”可狐狸什么也没有种，他低下头说：“谢谢你们，真不好意思！我没有什么东西可以给你们吃。”

山羊姐姐走上去拍拍狐狸的肩膀：“小狐狸，光说是不行的，还要真正做!”

其实，不单初出茅庐的教师会落入“纸上谈兵”的陷阱，老教师也会陷入其中。陈一平以前有一个同事姓陈，教数学，他有一手绝活就是电脑操作，可以说他的电脑技术在学校里是最好的，大家的电脑坏了都去找他。但陈老师属于“说得好，懒得干”的人，几乎每次开会他都第一个发言，而且说得头头是道，但之后根本不做，似乎已经忘记自己说过什么。有一次，一位教师要参加公开课，请他帮忙制作课件，他满口答应，但是第二天那位教师就要上课了，他竟然说忘记做了。从此以后，再也没有教师敢与他一起协作了。

学校的前任校长曾安排陈一平与陈老师搭档，希望通过陈一平的监督帮助陈老师改正这一陋习。在管理学上有种策略叫作“互补型搭配”，是指通过把性格、特长、优缺点完全不同的两个人进行搭配，往往能够让他们各取所长、共同进步。但这只适用于一般情况，为什么这样说呢？陈一平与陈老师共事了一学期，陈老师还是没有任何改进，这一策略在他们的协作中显然是失效了。在下一学期，陈一平就想了个办法，每次安排陈老师办事都会给出一个具体到哪天哪刻完成的时间。

陈一平在这里用到了“人盯人”策略，像球赛那样，一个人特定盯着一个人，他走到哪儿就盯到哪儿。在管理上，很多人都不赞成使用这种管理策略，认为这样的策略严重破坏了人的工作积极性和自主性。但是，凡事都有两面，“人盯人”策略在陈老师身上就奏效了。陈一平在刚开始的时候不管事务大小，都会提醒陈老师完成任务的确切时间，把具体的时间表放到他桌上。一个多月过去后，陈一平发现，陈老师开始自己写任务时间表了，很多事情不用提醒也能干得妥妥当当的了。

由此看来，针对不同的协作陷阱我们可以采用不同的应对策略，只要方法对了，问题自然就好解决。陈一平用自己的智慧破除了一个个协作陷阱，使教师获得了更好的发展。

第六章

协作的黄金法则

一个优秀、有生命力的团队必须具备有序的结构，才能更好地实现协作的功能和团队的目标。团队中的每一个成员都必须遵循协作的黄金法则，以保证各岗位的相互配合。陈一平担任校长以来，一直能够轻松自如地应对和解决工作中遇到的各种问题，兼顾好各种关系，井然有序地处理好各方面的压力，在工作中游刃有余，业绩上突飞猛进。那么，这其中关于协作的黄金法则究竟有哪些呢？

马克思说过这样一句话："人们奋斗所争取的一切，都同他们的利益有关。"在协作的过程中，百分之九十的矛盾来自利益关系。为了在协作中避免这些矛盾，陈一平认为，公平是协作的基本保证，也是协作必须遵守的黄金法则。

什么事情能够让学校、家长、学生同时感到特别紧张呢？没错，就是考试。戚进海作为教导处主任，每到考试周就会忙得焦头烂额。

在一次工作调查中，戚进海谈起了一件与考试相关的事情。一般来说，除了每年的统考外，小学考试都是以学校出题为主的。学校每一个年级的月考试卷、期中考试卷，都由年级科组教师完成。但每个科组都有好几位教师，由谁命题比较适合呢？一开始，戚进海采取的方法是让几位科任教师每人出一部分。比如，一年级一共有三位数学教师，那么每一次的月考试卷都由这三位教师一同完成。但持续不到一个学期，问题就出现了，有好几个年级的教师跟戚进海反映说，每次出题，几位教师的意见总是有分歧，试题迟迟确定不了。为了解决这个问题，戚进海只好想其他办法。既然一同出试卷会产生分歧，那么以后每人轮流出一次试卷，这下总该行了吧？

这种方法的效果很不错，每次试卷都能按时出来，教师的分歧也没有了。但过了一段时间，又有人来反映问题。这次有意见的不是教师，而是学生和家长。教师出试题，学生和家长为什么有反对意见呢？原来事情是这样的。学生小李和小黄是邻居，两人属于同年级不同班，两家人的关系也非常好，所以小李和小黄每次做作业、复习都是一起进行的。这次刚月考完，小李的语文成绩比小黄低了一些，小李的妈妈就批评他学习越来越不认真了。其实，小李的语文基础要比小黄的好，但由于这次作文没写好，分数就偏低了。受到了妈妈的批评，小李非常不服气。恰恰在这个时候，小李得知这次出卷的人是小黄的语文老师，就跟妈妈说既然是小黄的语文老师，出题的时候肯定偏向自己班的学生，小黄的成绩自然会比自己的成绩好。小李的妈妈得知这样的消息，感到非常不公平，就给戚进海打了电话。在经过一个多小时的沟通后，戚进海才解除了小李妈妈的疑惑，使她安下心来。家长的疑问得以解答，但问题并没有因此得到解决——班级之间的学生冲突越来越严重，每次月考成绩公布，总少不了学生和家长表示不满。

无奈之下，戚进海只好再想办法，这次他吸取了前两次的教训。既然当局者的参与总有嫌疑，那就让局外人进行命题吧。于是，他制订了这样一个方案：每次考试都进行级组交叉出题。一、二年级为一组，三、四年级为一组，五、六年级为一组，每次考试同组相互出题，比如，一年级科组出二年级的试卷，二年级科组出一年级的试卷，依此类推。这样明显比前两次的更加公平了。

为什么制度要体现公平呢？这件事在现代管理学当中有个相关的定律叫作“分粥规则”。我们知道要保证工作得以顺利实施，必须有一定的规定，所谓“无规矩不成方圆”。而真正适合团队发展的制度一定是通过不断完善及逐步的权力制约建立起来的。

何谓“分粥规则”？我们先从一个故事说起。

有七个人住在一起，每天共吃一锅粥，因人多粥少，所以秩序混乱，人人互相埋怨，心存芥蒂。于是，他们开始想办法解决每天的吃饭问题——怎样公平合理地分吃一锅粥。

他们试验了许多不同的方法：第一种方法，指定一个人分粥，很快大家就发现，这个人为自己分的粥最多，于是又换了一个人，结果总是主持分粥的人碗里的粥最多；第二种方法，大家轮流主持分粥，每人一天，虽然看起来公平了，但是每周他们只有一天是饱的，就是自己分粥的那一天；第三种方法，推选出一个品德尚属上乘的人来分粥，开始他还能公平地分粥，但没多久，他就开始给自己和对自己溜须拍马的人多分，搞得整个小团体乌烟瘴气；第四种方法，成立一个分粥委员会和一个监督委员会，形成监督和制约机制，公平基本上是做到了，可是等互相扯皮下来，粥吃到嘴里全是凉的，大家也很不满意；第五种方法，轮流分粥，而分粥的人要等到其他人都挑完后才能取剩下的最后一碗。

令人惊奇的是，采用第五种方法后，七只碗里的粥每次都几乎一样多，即便偶有不均，各人也认了。就这样，大家快快乐乐、和和气气，日子越过越好。

这个规则是非常有意思的，不单单在管理上适用，在生活中也适用。

在协作的过程中，不同的制度下自然有不同的结果，分粥者就是要制订出那个最优的方案。其实粥只是一个比喻，对于管理者而言，一旦读懂了分粥的道理，自然就懂得分任何东西给任何人，以及在分权的时候要充分体现公平性。

管理者在制订协作规则的时候，要懂得根据自身的实际情况，而不是生搬硬套别人的。规则既要体现民主化、公正性，具有很强的针对性和适用性，又要体现奖惩分明的绩效原则，这样才能提高全体工作人员的积极性和创造性，做到“以奖扬长，以惩避短”。分粥规则给我们的另一个启示就是要有一套好的制度，要敢于跳出传统的思维去寻找新的解决问题的方法。毫无疑问，第五种分粥方法优于有效率而无公平的第一、三种方法，也胜于有公平而无效率的第四种方法，更强于既无公平也无效率的第二种方法。它既方便快捷地实现了分粥目的，又有效地解决了吃饭问题，还增强了内部团结。管理的真谛在“理”不在“管”。管理者的主要职责就是建立一个像“轮流分粥，分者后取”那样合理的规则，好的制度就是责任与权利平衡、公平与效率兼顾，管理者和被管理者都有各自的责任与权利。

除了要做到效率与公平外，管理涉及的策略和智慧还有很多，我们再来看看团队协作中必须注意的其他黄金法则。

法则一　唇亡齿寒，积极疏导

张老师是一位完美主义者，做事情总是要力争完美，做到最好。据了解，张老师当学生的时候对自己的要求就很高，一直都属于教师、家长口中的“优等生”。参加工作之后，她便把对自己的要求转移到学生身上，要求学生事事尽求完美。由于她所在的学校是一所普通的公办学校，学生素质参差不齐，家长对学生的要求也不尽相同。有些家长工作很忙，对孩子的管教比较少；有些家长根本就不管孩子，有空就出去唱歌、打麻将，缺少对孩子教育的重视。工作了几年的张老师非常不适应，她很努力地备课、讲课，不断地提高学生的成绩，但她总觉得还不够好，偶尔遇到一些教学工作上的困难就很焦虑，夜不能眠，经常感到疲乏、虚弱。

不仅如此，张老师甚至对教师这个职业产生了怀疑。一直以来，她都以能成为一名教师而感到自豪，家人也为她而骄傲，但现在她丝毫没有这种自豪感，甚至失去了以前的冲劲和热情。

很明显，张老师“生病”了，她患了一种职业病，叫作“职业倦怠”，而这种病在教师中非常“流行”，几乎每一位教师都曾经患过不同程度的职业倦怠。导致职业倦怠的原因是什么呢?

第一，工作压力大。合格率、优秀率、升学率等是衡量教师工作的主要标准，大多数学校仍把学生的考试成绩作为考核教师的重要依据，至于学生良好品德的养成、健康人格的形成等则很难进入评价体系。而在教学评价中以学生的发展为标准的评价体系占大多数，教师自身的发展评定则很罕见。这样的评价制度给教师造成了极大的工作压力，甚至使教师时常处于焦虑状态。

第二，心理压力大。近年来，一些媒体对个别学校出现的教师殴打、体罚学生，以及学校食品安全、教育乱收费等现象大肆渲染，使教育工作处于进退两难的尴尬境地。教师既要努力完成教学任务，又要注意自己的言行，担心自己的某些行为引来媒体的曝光、社会及家长的声讨。一方面教师被推上“神坛”，另一方面教师又成了祭坛上的“牺牲品”，其心理压力可想而知。

更让张老师感到困扰的是，由于工作竞争的原因，她与同事产生了摩擦、矛盾。渐渐地，她感到与同事交流、协作的机会越来越少，关系也大不如前。好几次小组内讨论张老师的公开课教案时，很多人都是敷衍了事，或者只是提一些无关痛痒的小问题，导致她在教学存在的问题没有得到很好的解决，教学效果没有达到预想的效果。

教师是学校发展的主力军，教师只有获得了幸福感，才能以最好的状态投入教学中，才能保证教学质量的提高和学校的稳步发展。陈一平通过了解，发现近几年的确有很多教师存在职业倦怠的问题。为此，他找来了副校长，一起商量对策。

凡是有点生活常识的人都知道，在高大建筑物的顶端总是安装着一个避雷针，当密布的云层由于充分接触而打雷时，人们利用避雷针金属棒的尖端放电，使云层所带的电和地上的电逐渐中和，从而保护建筑物免受雷击，社会学家把这种现象称为避雷针效应。把避雷针效应应用到管理上，得到的启示是“及时疏导”。管理者对于团队中存在的矛盾，不应该只是训斥、批评、处罚，越堵漏洞就会越大，只有化解矛盾，避免冲突升级，才能避免受到“雷击”。①

历史上的“大禹治水”其实也体现了类似的道理。尧在位的时候，黄河流域发生了很大的水灾，庄稼被淹了，房子被毁了，老百姓只好往高处搬。然而，不少新搬的地方有毒蛇猛兽，伤害人和牲口，叫人们过不了日子。当时尧就派了鲧去治理水灾，他花了 9 年时间治水，却没有把洪水制服。因为他只懂得造堤筑坝，结果洪水冲塌了堤坝，水灾反而更凶了。后来鲧的儿子禹代替父亲去治水，他没有采用父亲的做法，而是用开渠排水、疏通河道的办法，经过 13 年的努力，终于把洪水引到大海里去了，土地上又可以供人种庄稼了。可见“疏导”这一方法在生活中还是经常使用的。

因此，要减轻教师的心理压力，学校领导必须树立疏导理念，改革学校的管理制度，建立以人为本的管理制度，将对教师的监管改为服务，同时给予教师充分的空间和自由，引导教师抒发不良情绪、调整心态，以便更好地投入工作中。在大多数学校中，领导班子为了方便管理，往往会制订一套齐全的管理制度。当出现某些问题的时候，便在管理制度中加几

① 宋天天. 经营管理中的避雷针效应法则及案例 [J]. 唯实·现代管理，2013 (3).

条，今天搞个“岗位职责”几十条，明天来个“管理规章”几十条，用缺乏人性化的制度束缚教师。这对教师的工作积极性造成了严重的挫伤，再加上教学的压力、家长对成绩的要求、学校的指标，教师感到压力重重，身心健康严重受到影响。

协作箴言：及时的疏导更能从根本上解决问题。

陈一平认识到，教师与学校息息相关，如果教师普遍产生了职业倦怠而无法得到调节的话，学校的发展肯定会受到影响。因此，学校要承担起疏导教师情绪、缓解教师压力的任务。为此，陈一平首先针对制度僵化这一问题做了一些调整，如不严格要求教师坐班，减少对教师的刚性监视，让教师有更多的支配时间的自由，使教师的心理得到放松。又如，调整用人制度，对末位淘汰制、转岗制、待岗制等常用的选拔制度适当做出调整，以减少教师的竞争压力，缓和教师与教师之间、教师与学校之间的矛盾。另外，学校对教师的考核不唯学生的分数论高低，必要的压力有助于教师专业成长，但过分的高压，如不合理的考核、评价方法等，迟早会让教师的心理承受力失去弹性。鼓励教师尤其是青年教师多向老教师请教，学习并掌握处理教育问题的方法和经验，提升驾驭教学、管理学生的本领。除此之外，还鼓励老教师肩负起“传帮带”的使命，使其能够站在学校长远的发展角度看问题，自愿指导青年教师，帮助青年教师尽快找到教学的诀窍。

陈一平还要求教师以级组为单位，设计以“关爱教师”为主题的活动周。另外，在日常生活中鼓励教师提高抗压能力，多与同行交流；鼓励级组教师利用节假日、寒暑假外出旅游等，在舒缓教师身心的同时，加强教师之间的情感交流。

学校是一个培育人的地方，是一个充满朝气的地方。作为校长的陈一平除了希望学校能够培育出优秀学生外，还希望学校能够给教师带来阳光般的温暖。教师是学校发展的主力军，学校与教师的关系如同嘴唇与牙齿的关系一样是相互依存的。因此，聪明的领导者应该爱才、惜才，应该善于站在教师的角度想问题、做决策。

法则二 虎掷龙拿，必死无疑

每年的9月1日是学校正式开学的日子，开学前夕是一个紧张招生的阶段，学校领导每天都忙得焦头烂额。而就在这个时候，教导处张主任与一位新教师发生了争执，事情的经过是这样的。

今年，学校招收的一年级新生比较多，因此应家长的强烈要求，提前进行了第一批的面试。第一批面试的学生有100多人，但有近30人因面试当天有事而未能如期参加。为此，学校额外为这些缺席的学生安排了面试。为了更好地落实工作，需要逐一打电话通知家长，落实情况。陆老师是学校的新教师，参加工作刚一年，还没有结婚，业余时间相对较多。因此，张主任想将这个任务交给她。但是这个决定竟然引发了一场争执。在招生办公室里，张主任刚布置任务，话还没说完，陆老师的一句充满了怒气的“凭什么又是我”把办公室里的人都惊呆了。

刚开始，张主任看到下属不服从安排，非常生气。可是他想到最近招生工作的确比较忙碌，每位教师都很劳累，就体谅了陆老师的行为。于是，张主任就用很温和的语气重复了一次任务：“今天晚上可能又要辛苦你通知家长了。”但陆老师还是摆出一副不开心的样子，不作声。

其实，年轻教师一向都是学校培养的重点对象，也是学校必须重视的力量。因为对于学校的发展而言，年轻教师起着举足轻重的作用。但一般来说，对待任何行业的新人，大部分领导者都会采用“蘑菇管理”，这是一种对待初出茅庐者的常用管理方法。初学者常被置于“阴暗的角落”，如不受重视的部门，或经常被要求做打杂跑腿的事情，接受过多的部门要求，甚至得不到必要的指导和提携，这种情况与蘑菇的生长情形极为相似，所以被称为“蘑菇管理”。“蘑菇”的经历，对于成长中的年轻人来说，就像蚕茧，是羽化前必须经历的一步。一旦不幸做了“蘑菇”，不要逃避，也不要自认倒霉而安于做“蘑菇”，而要以充满阳光的心态积极地应对这种境遇，以获得更好的成长。

凡事都有一个过程，被誉为“世界第一女首席执行官”的卡莉·费奥丽娜也当过“蘑菇”。她从斯坦福大学法学院毕业后，第一份工作是在一家地产经纪公司做接线员，每天的工作就是接电话、打字、复印并整理文件。很明显这并不是一个斯坦福大学毕业生应受的待遇，但她毫无怨言，在单调、重复的工作中积极地学习。一次偶然的机会，几个经纪人问她是否还愿意干点别的什么，于是她得到了一次撰写文稿的机会，就是这一次，改变了她的人生。

在一个团体中，作为一名新人，无论多么优秀的人才，都应该从最简单的事情做起。陆老师作为新人，难免会经历一段“蘑菇”时期。然而，她不能接受现状，只是觉得很委屈，在这段时间里自己的杂事一大堆，还被朋友戏称“跑不完的腿，写不完的材料，做不完的事，加不完的班，受不完的气”，同时还要担任两个班的语文教学，每天晚上都要加班熬夜到凌晨，第二天还要照样 6 点半起床上班。这样的工作压力让陆老师非常压抑，之前她一直在忍耐，这次终于忍不住爆发了。

在以后的工作中，张主任与陆老师的矛盾不但没有化解，反而越来越深。张主任对陆老师的任务安排还是像以往一样，没有减轻，反而加重了。而陆老师更是公然反抗张主任的安排，有时候即使口头答应了，却很不甘心，干起活来没有激情，任务完成质量非常低。不但这样，陆老师还拉拢其他教师与自己为伍，一下子出现了“办公室危机”。这让张主任更加生气了，两人的关系也更加僵化了。

内乱，是团队协作最忌讳的事情，对团队的影响非常大。

战国时期，赵国、燕国都不是实力很强的国家，然而赵惠文王无视对赵、燕两国虎视眈眈的强大的秦国，打算出兵攻打燕国。

为了避免一场国破家亡的战乱，燕国的苏代跑到赵国去求见赵惠文王，以游说赵与燕两国和好，以共同抗秦。

苏代对赵惠文王说："大王您先别谈打仗的事，我且讲个故事给您听：一只河蚌好久没上岸了，有一天出了太阳，河岸上十分暖和，于是河蚌爬到岸上，张开蚌壳晒太阳。河蚌只觉得浑身舒服极了，懒洋洋地打起瞌睡来。这时，一只鹬鸟飞过来，悄悄地落在河蚌的身边，用长长的尖嘴伸过去啄河蚌的肉。河蚌猛地惊醒，迅速用力把蚌壳一合，将鹬鸟的尖嘴紧紧地夹住了。

"鹬鸟对河蚌说：'我看你能在岸上待多久！如果今天不下雨，明天不下雨，你就会被干死、晒死，到时候，这岸上就会有一只死蚌了。'河蚌也十分强硬地说：'我看你能饿多长时间！我今天不松开你的嘴，明天也不松开你的嘴，你就会被饿死，到时候这岸上就会有一只死鹬了。'它们就这样对抗着，不肯相让。

"这时，一位渔人走过来，十分轻易地就捡了个便宜，把蚌和鹬都捉住，满心高兴地赶回家去了。"

听完苏代的故事，赵惠文王幡然醒悟。他拍着自己的脑袋说："多谢先生的启发，如果我们小国之间自相残杀，让秦国从中得利，那我们跟这故事里刚愎自用的鹬和蚌又有什么区别呢?"于是，赵惠文王打消了攻打燕国的念头。

从这则寓言中我们可以认识到，有头脑的人无论干什么事情，都要全面、周密地思考一下，权衡利弊得失后再行动。否则，为了一点点恩怨、矛盾而互相争斗，必定会做出鹬蚌相争的蠢事来。在工作中，教师之间常产生一些矛盾，这些矛盾如果不能及时得到化解，就会对学校的和谐稳定产生一定的负面影响。那么，陈一平是如何解决这类问题的呢？他是如何为年轻的下属提出建议的呢?

在陈一平看来，团队是无处不在的。全校是一个团体，每个年级更是一个关系密切的团体，每一个办公室就像一个小家庭。办公室是教师办公的主要地方，也是教师朝夕相对的地方，身处其中必须讲究交际之道。在职场上，无可避免地存在着各种利害关系，作为其中的一员，如果不懂得协调人与人之间的关系，就难免受到伤害。陈一平作为领导，对待内部出现的矛盾主要采取“防微杜渐，逐个击破”的策略。

在这里，首先要给大家讲一个在管理学上非常出名的“破窗定律”。美国斯坦福大学的心理学家菲利普·津巴多于1969年进行了一项实验，他找来两辆一模一样的汽车，把其中的一辆停在加利福尼亚州帕洛阿尔托的中产阶级社区，而把另一辆停在相对杂乱的纽约布朗克斯区。对于停在布朗克斯区的那辆，他把车牌摘掉，把顶棚打开，结果当天车就被偷走了。而放在帕洛阿尔托区的那一辆，一个星期也无人理睬。后来，津巴多用锤子把那辆车的玻璃敲了个大洞，结果仅仅过了几个小时，它就不见了。以这项实验为基础，政治学家詹姆士·威尔逊和犯罪学家乔治·凯林提出了破窗定律，认为：如果有人打坏了一幢建筑物的窗玻璃，而这扇窗户又得不到及时的维修，别人就可能受到某些暗示性的纵容去打坏更多的窗户。

协作箴言：预防比治理更重要。

其实，生活中的很多现象都涉及破窗定律。比如，我们经常强调出门时一定要把所有的门窗锁好，在公共场合要尽可能把自己的财物放好，新买的手机、金饰不要随便摆在桌上，过分地暴露财物可能使本无贪念的人心生贪念。一间房子如果窗户破了，没有人去修补，用不了多久，其他的窗户也会莫名其妙地被人打破。一面墙上如果出现一些涂鸦没有被及时清除，很快墙上就会布满乱七八糟的东西。在一个很干净的地方，人们会不好意思扔垃圾，但是一旦地上有垃圾出现，人们就会毫不犹豫地随地乱扔垃圾，丝毫不觉得羞愧。这就是破窗定律在生活中的表现。

同样，办公室危机的出现往往是因为对于教师之间出现的矛盾，有关领导没有进行及时的调解，初期的内讧没有得到重视，从而使类似行为再次甚至多次发生，下属的行为得不到纠正，矛盾就会日趋严重。为此，陈一平为了保证“第一块窗玻璃”不被破坏，就采取了防微杜渐的方法。他在暗地里了解了每个级组的内部关系，主动提醒中层干部要善于了解办公室的人际关系，对不好的现象提早进行干涉、调整，以防关系恶化。在对教师进行培训时，陈一平经常提到“幸福感”这个词，他认为幸福感就是从“利他”中获取的。

同事之间难免会存在沟通问题，造成工作不顺利。如果你想成为团队里受欢迎与尊敬的人，如果你想工作进展顺利，那就不应以算计或斤斤计较来达成，而应该时刻从“利他”思维出发，也就是尽自己所能，真诚帮助你的同事，当同事有困难时主动伸出援手，即便只是一句真心的问候，也可能使你与同事之间的关系开始改变，相互之间的猜忌减少了，沟通真诚了，事情的推动就容易了，最后受益最大的是你自己。有时候我们会太执着于自我的利益，总是从自己的立场出发，站在自己的角度看问题，结果往往导致人际关系不良，或事与愿违。我们如果太计较个人得失，不为对方着想，别人也会这样对待我们，就很容易制造出不必要的麻烦，使他人将我们当成竞争的假想敌，在我们前进的道路中设置许多阻碍。

团队要想稳步发展，最根本的策略是把每一扇窗子都修护好，即调整好每位教师的心态。只有调整好教师的心态，才能真正防止“破窗”的发生。面对陆老师和张主任这种矛盾已经正面激发的情况，陈一平先把两人暂时分开，不使他们同做一件事，让双方都有一定的时间进行冷静的思考，然后分别找他们谈话，鼓励他们主动做出让步，尽快修补关系。陈一平对他们都讲了这样一件事：不久前，有两位同事由于工作上沟通得不够产生了一些矛盾，虽然不曾当面争吵，但是知道彼此对对方都没有好感，便常常在不知不觉间对对方做出负面的评论。后来经领导的提醒和引导，两人发现这样对单位不好，对个人也不好，就决定调整这种关系，试着向对方发出善意的信号。在之后的工作中，两人若是产生不同意见，都会听取对方的想法，在商讨中相互尊重、相互磨合，不再单方面做决定，从而形成了非常好的协作关系。陆老师和张主任都是聪明人，听陈一平这么一说，立刻领会了他的意思。从此二人和好如初了。

能够在同一间办公室共事是一种缘分，每个人都应该珍惜团队成员之间相处的机会，多站在别人的角度看问题。我们都知道，一到夏天，大家都喜欢躲在办公室里“乘凉”，但大家经常因为空调的温度而发生争执。

男同事血气方刚，喜欢把空调温度调得很低，而女同事大多不爱贪凉，相对于男同事而言，喜欢把空调温度调得稍高一点。因此办公室时常上演“折腾”空调的戏码：温度一会儿调成22℃，一会儿调成28℃；风口一会儿朝上，一会儿朝下。同事之间为此多次发生口角。我们看到，办公室危机往往是由一些鸡毛蒜皮的小事引起的。其实，同事之间为这点小事伤了和气实在不值得，空调开26℃是最环保、最合适的温度。同事之间应该互相体谅，女同事可以在办公室准备一件长袖衫，冷了就穿上；男同事可以经常洗洗手、洗洗脸，在降温的同时也讲究了个人卫生。只要同事间互相理解，“空调大战”完全可以避免。

在学校中，很多时候，同一办公室的教师因病请假，可能需要找人帮忙代课，同事之间应该有相互帮助、相互体谅之心。代课也是尽“我为人人，人人为我”的一份责任和义务。与同事相处最要紧的是让人感觉到你是一个通情达理、乐于助人的人。同年级组的教师更应该相互体谅、相互帮助，把年级组搞成一个温暖的集体。工作辛苦不可怕，可怕的是人际关系复杂。人际关系好，心情舒畅，相互支持，相互帮助，即使多做一点也会觉得很开心。

法则三　互相推诿，人心渐散

在团队交往中，有些人或为了减轻自己的负担，或害怕承担责任，会推卸自己的任务和责任。这种过分以自我为中心，自私自利而不考虑他人的人往往会落得人心渐散的下场。陈一平根据多年的协作经验，发现学校中最容易独善其身的主要有以下几类人。

第一种，趋炎附势之人。

在协作关系中，往往有各种类型的人。其中有一类人习惯性地把自己的利益看得比西瓜大，把集体的荣誉看得比芝麻小，做任何事情之前首先要权衡自己的利害得失，对自己有利的事情削尖了脑袋往里钻，对无利可图的事情不管别人怎么动员就是无动于衷。

举个生活中的例子。单位里有位老司机，他年轻时候的主要工作就是负责接送领导。后来，单位的发展越来越好，公车增加了好几辆，而这位老司机的年纪大了，领导就把他安排到接送中层领导的车队去了。那天，刚升职不久的市场部经理要求老司机在约定的时间接送客户。可是当经理把事情谈妥后要送客户走的时候，老司机还没有到达指定的地点。这下经理可着急了，20分钟之后，老司机才出现。当时，经理不方便追究原因，只好低头不停地向客户道歉，然后送客户离开了。

事后，经理要求老司机给自己一个交代，说清他究竟出于什么原因迟到了。意想不到的是，老司机非但没有把迟到的原因说清楚，态度还非常恶劣，一口咬定是经理自己把时间弄错了，自己并没有迟到。幸好经理保存了当时发给老司机的短信，可是当他把短信拿出来与老司机对质的时候，老司机又再次寻找借口，经理只得作罢。经理知道，老司机年轻的时候为一些高级干部服务过，现在年纪大了为中层干部服务很不服气。之后，老司机的作风依然没有改变，多次与其他同事发生争执，甚至有好几次闹到领导那儿去了，最终领导尊重大多数人的意见，把老司机解雇了。

在学校的日常工作中，也存在着这种惯于趋炎附势、擅长见风使舵的人。这类人善于见机行事，“看人下菜碟”。在协作的过程中，他们对同事或团队成员没有以真心相待，过分在意自己的利益，甚至为了个人的荣誉得失而不择手段。当别人有事请求时，他们往往会“留一手”，甚至不搭理。

这一类型的教师不单单过分在乎眼前利益，甚至也存在区别对待学生的不合规矩的行为：对于有背景、能给自己带来好处的家长及学生便竭尽全力地给予关心和照顾，对于家庭环境较差、不能给自己带来好处的家长及学生则没有尽心尽责。

其实趋炎附势的人大多都有一个共性，就是贪图利益，他们认为巴结有权力、有地位的人能使自己更容易获得成功。但事实上，一个只懂得趋炎附势的人是永远不可能成功的。在管理学上有一条定律叫作“韦特莱法则”，是指成功者更愿意去做绝大多数的人不愿意去做的事。陈一平对这个定律是非常认同的。与其利用趋炎附势的假面孔达到目的，还不如多干实事。很多人认为多干了事情是吃亏，干别人不愿意干的事情更是愚笨。但陈一平认为，多干别人不愿意干的事往往是一种幸福，更是一个聪明人的选择。

在前面，我们谈到了教师压力大，容易产生职业倦怠，特别是班主任和骨干教师，所以，每一学期结束，都会有相当一部分教师提出不担任班主任或主科教师的要求，王老师就是其中的一位。王老师已经承担六年级数学教学好几年了，工作非常出色，家长和学生对其评价都非常高。今年开学，当教学任务安排出来后，王老师看到自己还是教六年级数学，就不高兴了。他来到校长办公室要求陈一平让他教低年级数学或由主科教师调为副科教师，理由是教了这么多年六年级数学，心很累。陈一平能理解他的感受，但也坦率地跟王老师说，目前学校的数学教师，特别是数学骨干教师比较紧缺，所以暂时无法满足他的要求，但他保证会尽量为他减少课时，以减轻他的工作负担。随后，两人就聊起了家常，刚好办公桌上有一本杂志翻在专访马云这一页，陈一平就与王老师聊起了马云。

马云可以说是世界“最牛”励志人物。马云，1988 年毕业于杭州师范学院英语专业，之后任教于杭州电子工业学院（杭州电子科技大学前身）。1995 年，在出访美国时首次接触因特网，回国后创办网站“中国黄页”。1997 年，负责开发中国对外贸易经济合作部官方站及中国产品网上交易市场。1999 年，正式辞去公职，创办阿里巴巴，不久成为中国大陆第一位登上美国权威财经杂志《福布斯》封面的企业家。其实，马云并不是一个靠天赋成功的人，而是靠“吃亏”成功的人。马云简直是网络公司老总的反义词：不懂电脑，不许公司做广告，不会高薪挖人。他认为自己像电影《阿甘正传》中的阿甘一样简单。然而正是他，不断创造着商业奇迹。他曾说：“当今世界上，要做我做得到而别人做不到的事，或者我做得比别人好的事情，我觉得太难了。因为技术已经很透明了，你做得到，别人也不难做到。但是现在选择别人不愿意做、别人看不起的事，我觉得还是有戏的，这是我这么多年来的一个经验。”

陈一平非常喜欢马云的一句名言：“做别人不愿做的事。”他对王老师说：“其实很多教师都想教副科，或低年级，或减少课时，这些我都明白，每个人都希望自己能够过得轻松一点。但你看，你还那么年轻，又具备能力，作为领导，我更希望你能承担别人不愿意承担的职责，发挥自己的光和热。”王老师听后，打算教低年级或副科的念头慢慢打消了。

第二种，妒贤嫉能之人。

这种人往往对才能、名誉、地位或境遇比自己好的同事心怀怨恨和嫉妒，严重者还会对别人的长处或成绩采取抵触、贬低、排斥的态度。换句话说，一旦看到他人比自己强，心里就酸溜溜的，觉得不是滋味，甚至产生一种包含着憎恶与羡慕、愤怒与怨恨、猜疑与失望、屈辱与虚荣的复杂情感。

在团队中，他们不能容忍别人超过自己，害怕别人得到自己无法得到的名誉、地位。他们希望自己办不到的事别人也不要办成，自己得不到的东西别人也不要得到。一旦发现身边的同事在名利上超过自己，就会想方设法处处为难，甚至百般阻挠。

妒忌心理是不分年龄、学历、地位的。我们来看物理学家法拉第与他的老师的故事。法拉第出生于伦敦郊区，父亲是个铁匠，家境十分贫寒。少年法拉第只学会了读书、写字后便失学了。1804 年，他进了一家印刷厂当童工，次年成为装订学徒。法拉第经常禁不住翻看他要装订的书，阅读其中的内容。正是在这样的条件下，法拉第学到了不少科学知识，并对电学产生了浓厚的兴趣。后来，法拉第在一次演讲中认识了科学家戴维，并最终成为戴维的学生，帮戴维做研究。

当时，丹麦物理学家奥斯特做的电流的磁效应的实验引起了许多科学家的兴趣。人们纷纷重复奥斯特的实验，并探索新的实验。法拉第的老师戴维也试图进一步实验，找出磁对电的影响，可惜没有成功。法拉第也敏锐地发现了奥斯特的发现的重要意义，而且觉得这个实验非常有意思，也想亲自探讨一下。

于是，他花了三个月的时间查阅了有关这个问题的文献，重复了一系列的实验，写了一份电磁研究进展状况的报告。他认真地分析了奥斯特发现电流致磁针偏转的实验，以及自己老师实验失败的原因。经过反复实验和思考，他想到，既然磁针试图绕着导线转，那么，按照作用与反作用原理，导线也必定试图绕着磁针转，即通电导线绕着磁铁的磁极公转。于是，法拉第就按照这个想法进行了实验：在一个玻璃缸的中央立一根磁棒，将磁棒一端用蜡粘在缸底。缸里倒上水银，刚好露出一个磁极，把一根粗铜丝扎在一块软木上，让软木浮在水银面上，粗铜丝上端通过一根又软又轻的铜线接在伏打电堆的另一极，这样就形成了一个闭合回路，立在水银面上的导线中就会有电流通过。把电源接通后，果然实现了通电导线绕磁铁公转。这个简陋的装置，就是世界上的第一台电动机。这真是一个了不起的成功——奥斯特只是发现了旋转力的存在，法拉第则实现了长久的旋转运动。

当时，法拉第非常高兴，原本想将自己的实验过程及结果全部讲述给自己的老师和另外两位相熟的科学家听，但他们都外出了。这个时候，法拉第的朋友都劝他将自己的工作成果立刻公之于众，否则，正在研究这个问题的其他人就有可能抢先公布成果。法拉第同意了朋友的意见，将他的实验报告发表出来，然后就与他的新婚妻子去度假了。

出人意料的是，法拉第的成功不但没有得到赞赏，反而遭到了人们的指责。皇家学会的会员议论纷纷，还有人在报上发表文章指责法拉第剽窃自己老师的实验成果。法拉第度假回来得知这些后，十分痛苦，这是有生以来他的荣誉、他的人格第一次受到了怀疑和玷污。于是，他立刻去找自己的老师戴维，希望他能够站出来替自己说句公道话。戴维作为第三者、知情人，又是科学界的权威，只要他说句公道话，这件事会立刻真相大白——所谓的法拉第剽窃实际上是有人诬陷。

然而，法拉第等来的是戴维的沉默。可怕的沉默，有时候比恶毒的语言更恶毒。究其原因，是嫉妒，可怕的嫉妒使这位伟人做出了小人行径。

之后，尽管法拉第多次发表关于电磁转动的研究成果，但当他申请皇家学会会员候选人的时候，戴维为了避免别人说闲话，就利用会长的身份阻止法拉第入会。戴维对法拉第的打压，极大地挫伤了法拉第的积极性和探索精神。后来，法拉第不得暂时不放弃了他的电学实验，直到40岁的时候才重新回到电磁学领域，开始了他真正伟大的工作。

通过这件事我们能看到，人们面对比自己强大、比自己优秀的人的时候，容易产生强烈的怨恨和深深的嫉妒。嫉妒心的产生让一位身为师长的科学家黯然失色。对于法拉第而言，更是对自己的老师感到失望。

嫉妒心是人的一种很普遍的心理。通过观察，我们可以发现，嫉妒心是具有等级性和地域性的。人只会嫉妒与自己处于同一竞争领域中表现得比自己强的人，而不会嫉妒与自己不在一个领域的人。周瑜嫉妒诸葛亮，却不嫉妒刘备、曹操、孙权，就是这个原因。而且，如果诸葛亮和周瑜不在一起共事的话，周瑜可能也不会嫉妒诸葛亮。所以，在同一所学校工作、处于同一年级、教同一科目的教师之间是比较容易产生嫉妒心理的。

协作箴言：人只会嫉妒与自己处于同一竞争领域中表现得比自己强的人，而不会嫉妒与自己不在一个领域的人。

李老师和孔老师是今年辅导英语奥林匹克比赛的教师。为了更好地提高学生学习的效率，两人把学生分成两个班，进行小班教学，希望能通过一个月的训练，更好地提高学生的英语水平，以参加比赛。原本这样的安排是非常好的，但是学生被分成了两个班，两班学生之间就有了比较。当时，孔老师住在学校的宿舍，而李老师是在校外居住的。每天下午的2点到3点是英语比赛培训的时间，孔老师因为在学校居住比较方便，因此，她每天中午到教室都比较早。有几位好学的学生知道老师很早就到教室后，也早早地到了教室，利用上课前的时间向孔老师请教问题。俗话说：“一分耕耘，一分收获。”这其中的一位学生最后在比赛中获得了一等奖。这对学校而言是一个非常好的成绩，对孔老师而言更是一件值得高兴的事情。但李老师因此对孔老师产生了嫉妒之心。自从学生获奖后，孔老师经常受到李老师的冷嘲热讽，被指责为故意为学生补习，不择手段争第一。李老师甚至私下里邀约别的同事孤立孔老师。这让孔老师感到压抑，感到孤立无援，感到有气无处发泄。

众所周知，嫉妒会产生许多负面影响，在更多的时候表现为消极的行为。嫉妒往往是和心胸狭隘、缺乏修养联系在一起的。心胸狭隘的人会因一些微不足道的小事而产生嫉妒心理，别人任何比他强的方面都成了他嫉妒的缘起。缺乏修养的人会将嫉妒心理转化成消极的嫉妒行为，严重地破坏人际关系。而且，一个人在嫉妒别人时，总是注意别人比自己强的地方，却不能发现自己比别人强的地方。其实任何人都有不如别人的地方，当别人在某些方面超过你时，你可以想一想自己在哪些方面比对方强，这样就会使自己失衡的心理重新恢复到平衡的状态。而面对嫉妒你的人，你必须拿捏好分寸。你如果退避三舍，他就会得寸进尺；你如果过分反抗，自己就会受到伤害。

孔老师遇到这样的问题，心里很苦恼，但她非常聪明。在颁奖典礼的当天，她与学生一同被邀上领奖台，当她拿着话筒发表感言的时候，巧妙地提到了李老师作为长辈对自己的帮助，并诚恳地表达了自己对李老师的敬意。孔老师通过这样的行为终于把这一风波平息下来，但自此以后，在与李老师的协作过程中她也多了一分戒心，没法像以前那样轻轻松松地与李老师相处了。

"上得山多终遇虎。"李老师嫉妒的心理丝毫没有因为别人的忍让而有所收敛，反而越来越严重。她的名声越来越差，在期末评优的投票中，她的人气更是一年比一年低。李老师在工作上多次受挫，工作状态也越来越差了。可见，人切忌因嫉妒而迷失方向。荣誉的得失并不能代表一切，正确看待问题，采取正确的方式解决问题才是最重要的。在人际交往中要记住：同事间的和谐相处往往能够让我们体会到前所未有的幸福感。

第七章

协作两大“帮派”

在现实生活中，有些人处理不好人与人之间的关系，特别是帮助与被帮助的关系。那么，怎样的帮助才恰到好处，能让大家很好地接纳呢？另外，人在困窘之际也需要别人的帮助，那么，陈一平在管理过程中受到过别人怎样的帮助呢？在帮助别人的过程中，他又有怎样的心得呢？两大“帮派”究竟能产生怎样的能量和作用呢？现在我们来看看陈一平的管理妙招。

有句古话说："助人者，人恒助之。"有的人成功，关键靠自己，靠自己的脑袋想办法，靠自己的身体亲力亲为；而有的人成功，关键在于有一个良好的交际圈，五湖四海皆朋友，办起事来自然轻松高效。在职场上，多一个朋友比多一个敌人要好得多，但是，交朋友不是一件容易的事。我们总说，这个世界上没有免费的午餐，天上也不会掉下馅饼，我们的所得与付出总是成正比的。如果在你穷困潦倒、需要别人帮助的时候，却没有一个人愿意站出来与你并肩作战，你就应该反省一下自己在待人接物方面是不是存在着不愿帮助别人的陋习。

出事了，想找个人帮忙，左顾右盼却没有一个人出现在你身旁，这种情况在生活中比比皆是。那么，在职场中要获得人心，赢得别人的信任，取得别人的帮助，究竟有什么绝招呢？在这一方面，陈一平做得非常出色。在多年的职场生涯中，他碰到过大大小小很多问题，但总可以通过团队、朋友的协助把事情办好、办妥。这是因为他经常为身边的人解决问题，深得同事、朋友的尊重和信任。那么，陈一平在人际关系的处理中有什么诀窍呢？我们从中能得到怎样的启发呢？

中国有一个传统就是非常看重孝道。我们的传统文化认为，只要有血缘关系，就是骨肉至亲，不管发生什么事，必须相互扶持、互相关爱。在这一点上，陈一平做得非常好。他非常孝敬自己的长辈，关心自己的亲人，只要是在自己能力范围内的事情，他都会尽自己的最大的努力去帮助他们。陈一平作为领导，以身作则的模范作用非常重要。领导做得好，后面自然有人跟上；领导要是做得不好，跟在后面的人就更不用说了。所以，陈一平为自己身边的人树立了一个好榜样，让更多的人践行孝道。大家别以为对自己家人好算不了什么大事，据统计，注重孝道的人一般要比不注重孝道的人的人际关系好。其实细想也对，连家人都对他怨声载道的人，在外也交不了几个朋友。陈一平在尊重长辈、帮助小辈方面很有一手。那么，他在对外的人际关系上又是怎样的呢？

最近，教体育的袁老师情绪很低落。在过去，上体育课时，袁老师总喜欢加入到学生的足球队中，与学生一起踢球，但这两个星期，袁老师不和学生一起踢球了，经常打不起精神来。陈一平偷偷打听了一下，原来袁老师最近与妻子闹矛盾，已经吵到要离婚的地步了。袁老师的妻子是同校的教师，陈一平认为对这事不能掉以轻心，毕竟关系到学校的两位骨干教师。但是，婚姻的事毕竟是别人的家事，作为领导自己不好随便插手，但难道就这样看着他们的婚姻走向破碎吗？陈一平把袁老师叫到了办公室，却没有直接问袁老师的家事，而是跟他聊家常，聊足球、篮球，因为他们两个都是体育迷，在这方面的共同话题还是很多的。聊着聊着，袁老师就跟陈一平说起了自己的烦恼。

我们说，帮忙的事分很多类：有些是感情方面的忙，有些是工作方面的忙，有些是家庭方面的忙。对待不同的类别，态度也就不一样。但相同的是，首先要确定别人是否需要你的帮助。要是别人根本不希望你插手，对你不信任，不愿意把自己的困难告诉你，你的热心对他肯定没用，即使你帮忙了，也不会得到别人的感激，反而可能令人讨厌。举个简单的例子，一对情侣分开了，男生还非常喜欢女生，听别人说女生最近遇到些麻烦，他就抢着去帮忙，最后，非但没有得到女生的感激，反而让她觉得他打扰了自己的生活，两人的关系非但没有因为这件事得到改善，反而变得更糟糕了。

当袁老师愿意把自己的事情与陈一平分享的时候，陈一平就知道自己可以出手帮助了。首先得了解问题的起因，袁老师与妻子闹矛盾的导火线是房子的问题。他们夫妻二人的家境都比较一般，结婚后一直住在离学校较远的旧房子里。尽管两人上下班不方便，也没办法，只能咬紧牙关过日子。最近几年，他们的生活稳定一些了，开始有点积蓄了，妻子就希望在学校附近买一套新房子。这不单单是为了工作方便，更是为了孩子，因为今年孩子就要上一年级了。其实，袁老师理解妻子的想法，可是学校附近楼房的价格都比较高，他不希望给自己太大的生活压力，想推迟几年再买，但是妻子非得今年买不可，两人就吵起来了。事情传到了双方老人的耳朵里，两个家庭就一下子炸锅了，大家七嘴八舌地吵个不停。

了解事情的始末后，陈一平拍了拍袁老师的肩膀说：“房子我可以帮你想想办法，但是你们两家的老人我是劝不了的，家人的关系还需要你自己去维系。”古话说：“帮人帮到底，送佛送到西。”但并不是什么忙都能帮到底的，特别是家事。中国人对于家事的处理，一般都是自家关上门来商量解决的，绝不轻易向外人透露，除非对特别信任的人。所以，陈一平理智地选择了自己能帮的忙。不过，他给了袁老师一个建议：“与人沟通，不管出现什么问题，有什么状况都应该好好说话。”

陈一平答应袁老师帮忙买房子的事情，最后是否帮上忙了呢？当时学校附近正好有一个新楼盘，环境很好，只是价钱较贵。经过了这件事情后，陈一平有了一个新的想法，这个想法不单单能为袁老师一个人谋福利，还能为更多的教师谋福利，解决他们的后顾之忧。陈一平统计了一下，学校大部分教师的孩子跟袁老师的孩子的年龄都差不多，在这个阶段，大家最大的后顾之忧就是房子和孩子上学的问题，要是能够帮助他们解决好这两个问题，必定能够使他们全身心地投入工作中。

第二天，陈一平到了附近的售楼部，找到了他们的经理，跟他们洽谈教师集体购房的优惠。售楼部的经理是讲求经济效益的，他知道学校就在楼盘旁边，教师和学生是最大的消费群体。因此，对于陈一平提出的条件，从经济效益上来说的确是有利可图的，另外，经理也想趁着这个机会拉近与陈一平的关系，因为做生意讲的就是协作和利益。就这样，几次谈话下来，事情就谈妥了，售楼部经理答应给陈一平所在学校的教师六折优惠。这个消息一出，不单乐坏了袁老师一家人，其他教师也非常开心。

我们通过这件事，得到了三个信息：第一，陈一平对身边的人非常细心，也非常用心。即使是微小的变化，他也能及时地发现。第二，陈一平在处理人际关系时非常谨慎，在充分的准备和了解后才会有进一步的行动，绝不因领导的身份就随便介入别人的事情。第三，陈一平特别懂得为别人着想，在帮助别人的过程中不计较自己的得失。有的人就很喜欢把“事不关己，高高挂起”当作自己的人生信条。甚至有些人，当别人有成绩了，就想着如何从别人的身上分一杯羹；当别人有钱了，就想沾一点光。这样的心态是人际交往中的禁忌。

富兰克林说："失足，你可以马上恢复站立；失信，你也许永难挽回。"陈一平认为人与人之间的沟通和协作应该做到诚信。自己帮不了的事不要轻易夸下海口，自己答应的事就要尽力办好，做到尽善尽美。另外，一个人若想拥有良好的人际关系，首先要口碑好。要是人人都说你的坏话，那么，不管别人说得对与错，可以肯定的是你的口碑、人缘不好，得罪的人多。

下面给大家讲个故事，解释一下为什么口碑很重要，这关系到别人愿不愿意信任你的问题。

这个故事叫作"杀豚不欺子"，讲的是孟母与孟子的故事。大家都知道孟母对孟子的成才是下了很大功夫的，孟母的很多家庭教育理念直到今天也是非常值得我们学习的。孟家在集市旁居住，小小年纪的孟子看到邻居杀猪，就非常好奇，跑到正在做饭的孟母身旁，问母亲："邻家杀猪干什么?"孟母当时正忙，也没多思考孩子的这个问题，便随口回答："煮肉给你吃!"孟子十分高兴，等待吃肉。这话一出，孟母马上醒悟过来：这下惨了，话说错了，家里穷得饭也吃不上了，哪有钱给孩子买肉吃呢?

但孟母深知做人要诚实，所谓"言必信，行必果"，尽管孩子还小，但她认为不管什么原因也不应该失信于孩子。孟母深深知道身教重于言教的道理，为了不失信于孩子，尽管家中十分穷，她还是拿钱到邻居家买了一块猪肉，让孟子吃了个痛快。

通过这个故事，我们可以看出孟母是一个非常讲诚信的人，所以在孟子的心里，母亲的形象很好，口碑很好。现在回头想想，孟子之所以那么愿意听从母亲的教诲，好好学习，修身养性，是因为母亲答应过他的事情都能够做到。另外，一个对小孩都如此讲诚信的人，对身边的朋友也肯定是说到做到，绝不食言的。这样的人口碑能不好吗?母亲是一位大家都尊敬和赞赏的人，儿子会不愿意听取母亲的建议和教导吗?

我们再看看现在的一些家长，答应了孩子今天带他去动物园，但工作太忙了，去不了；又答应下次带孩子去迪士尼作为补偿，然而一到放假，人太多了，还是不要去了；再答应下次带孩子去海洋馆，但最后还是推托了。这样一次次失信，孩子还会相信家长的话吗？亲子间的关系能好吗？

协作箴言：口碑好，别人才愿意信任你，向你求助。

陈一平认为，帮助别人就应该诚心诚意，信守承诺。同时，如果想获得别人的帮助，就必须与他人搞好关系，建立良好的个人形象。而个人的形象魅力主要体现在内在涵养，而且必须是别人所认可的。获得良好的形象可以靠到处吹嘘吗？这肯定是不行的，就算你把自己捧上天了，别人未必会认可。

人与人之间的利益关系有几种形式：我不好，但让你好，这是大公无私；我好，不管你好不好，这是自私自利；我不好，你也不能好，这是玉石俱焚；你好，我也好，这是双赢，是我们追求的目标。毋庸置疑，最后一种关系是我们每一个人都想得到的，但要达成这一目标并非易事。

为了让别人信任自己，愿意帮助自己，与人保持良好的人际关系，陈一平为我们提出了两个关键点：个性和服务。

个性是指一个人的性格。我们知道，在某种程度上，性格决定命运。李清照为项羽题了这样一首诗："生当作人杰，死亦为鬼雄。至今思项羽，不肯过江东。"在李清照的眼里，项羽是个宁死不屈的英雄。但也有不少人认为项羽之所以一再失败，是因为太过自傲，不能很好地处理自己与他人的关系，为人不忍，自矜功伐，不善纳良言，反而听信小人之辞。他有军事才能，然而好逞英雄，不知把握战机，不能纵观全局之利弊得失，致使刘邦乘虚而入，最终毁掉了自己的江山。可见，对任何人而言，性格不单影响人与人之间的关系，甚至影响本人的事业和性命。我们来看看，在陈一平眼中怎样的人才容易获得别人的信任、得到别人的帮助呢？

我们处于一个多元化的社会，人们之间的关系十分复杂，社会的复杂性导致个性的丰富性，这必然引起个体之间冲突的加剧。要想与周围的人保持良好的人际关系，就必须学会求同存异，具备宽宏豁达的个性品质，懂得体察对方的心理。我们在前面谈到陈一平在对待袁老师的家事时，不肯轻举妄动，原因就在于他懂得体察对方的心理。对方还没有表示需要你的帮忙时，你千万不要自作主张，轻举妄动。另外，我们在与他人的沟通中难免会遇到意见和想法相左的时候，此时也应该有宽宏豁达的风度。举个例子，要是陈一平与售楼部经理没谈妥，该怎么办？大吵大闹？断绝往来？这些都不是最好的解决办法，只能使自己在交往中处于不利地位，且影响以后的交往。相反，如果我们能做到宽宏大量，站在对方的立场考虑问题，体会他人的心情和感受，误会、委屈就会烟消云散，别人也将欣然接受你。常言道："大度集群朋。"只有大度宽容的人，才不容易与人结下仇怨，在需要帮忙的时候，自然有人会帮助。

协作箴言："大度集群朋。"只有大度宽容的人，才不容易与人结下仇怨，在需要帮忙的时候，自然有人会帮助。

在生活中，我们经常会与身边的人产生摩擦和误会。我们在受到别人不公正对待、质疑，或不为人所接纳时，一定会为之焦虑和烦恼。最好的方法就是冷处理，让自己尽快心平气和下来，再站在对方的角度想问题，宽容待人。

晋代文学家潘岳在《西征赋》中说："观夫汉高之兴也，非徒聪明神武、豁达大度而已也。"事业成败，关键在人；成事之人，重在容人。豁达之士都以辽阔视野、天下情怀和恢宏气度看待一切，心胸如海，能够托起百舸争流、千帆竞发。纵观历史，越有成就的人越没脾气，所谓"宰相肚里能撑船"就是这个道理。

明智的人特别注意搭建与人沟通的桥梁，无论发生怎样的冲突和矛盾，千万不要树立不必要的敌人。掌握搭建人际桥梁的艺术，会给我们带来丰厚的回报。无论如何，我们都应向尽可能多的人敞开沟通的大门。

另外一个关键点就是服务，服务的意思说白了就是帮助别人。中国有句老话说："好人有好报。"意思就是说，经常做好事，经常帮助别人的人，在他遇到困难的时候总会有人愿意帮助他渡过难关。从心理学的角度来讲，人一旦接受了别人的帮助，就会对这个人产生特殊的情感，而这种情感往往能够在短时间内拉近双方的距离，打破二人间的沟通防线。一般来说，我们更愿意为帮助过自己的人付出。

我们在小时候经常听到关于“好人有好报”的故事，这也说明在中国的传统文化中就已经有了“帮助别人就等于帮助自己”的人生哲理。尽管在生活中我们难以保证事事都能得到回报，但至少在人们看来，乐于助人者的人格魅力及个人形象比不乐于助人者的要好，这样一来，也会有更多的人愿意帮助他。

领导者要做到严格要求自己，宽容对待他人，凡事以礼让为先，为他人着想，能不计较的不要计较，能成全的就要成全，能帮助的尽量帮助，这就是厚道。厚道的人朋友多，厚道的人容易得到别人的支持，厚道的人办事比较顺利，厚道的人所处的环境比较和谐，厚道的人的前途更加广阔。

陈一平认为，这是一种非常崇高的境界，是一种处世的智慧，是一种大智若愚的表现。这样的例子无论是在管理中还是生活中都很普遍。总之，“吃亏是福”，因为人都有趋利的本性，自己吃亏，让别人得利，就能最大限度地调动别人的积极性，帮助自己的事业兴旺发达。在职场中，“吃亏是福”，原本就是一种境界。

策略一　人家帮我，永志不忘

说到助人，我们必须提到陈一平的父亲。陈一平出身教师世家，从祖上就定居于此，他们家特别重视人才培养。在其家庭教育观念中有这么一条：“先成人，后成事。”也就是说，学做人是首要的、关键的。陈一平的父亲认为，帮助别人应不讲回报，受人帮助当涌泉相报。陈一平在这一方面主要受到了两个人的影响。

第一个人是他的奶奶。在那个年代，每个家庭都有好几个小孩，所以母亲是非常辛苦的，除了要照顾好几个孩子之外，还要做家务、干农活。

好不容易把自己的儿女拉扯大了，闲下来不久，儿女们又接二连三地结婚生子了。为了能够让自己的儿女安心工作，父母一般都会帮子女带孩子。当时，陈一平和自己的堂姐弟就是由奶奶带大的。

有一天发生了这样一件事。那天下午天气特别炎热，正在睡午觉的陈一平被热醒了，就跑到厨房去找奶奶。过了不久，天上飘来了大片乌云，这下陈一平乐坏了，他最喜欢的就是光着脚在雨里玩耍。但此刻奶奶有点担心了：自己养的鸡鸭还在外面到处跑，就要下雨了，得赶紧把它们赶回笼子里去。当时陈一平还小，奶奶不放心让他一个人在家，就带上陈一平一块出去了。一会儿，雨就开始哗啦啦地下起来了，奶奶便让陈一平站在一户人家的屋檐下躲雨，自己把分散的鸡鸭赶到笼子里。好不容易把全部的鸡鸭都圈好，奶奶回头一看：陈一平竟然不见了！这下可把奶奶吓坏了，她顾不上下大雨，赶紧到处找自己的小孙子。然而直到傍晚还没找到，奶奶只好赶紧跑回家，通知大家一起帮忙找孩子。这场雨越下越大，没有要停的意思，一家人在大雨中四处奔跑、呼喊，却没有一点陈一平的消息。那个夜晚，奶奶一夜无眠，陷入了深深的自责中。她祈祷着明天一早能够找到自己的小孙子，再次看到他的笑脸。

第二天，天还没亮，奶奶就起床了，飞快地穿上衣服，简单洗漱了一下，就拿着手电筒开始继续寻找陈一平。下了一夜的雨终于停了，奶奶一路大声地呼喊陈一平的名字，希望能够得到回应。走到昨天的那户人家门口时，奶奶竟发现陈一平就站在屋檐下！奶奶马上奔过去，抱起了自己的孙子。奶奶经过详细询问才知道，陈一平昨天因为贪玩进了别人家的院子，因为昨天晚上下雨，他又不认得回家的路，就被那户好心的人家收留了一晚。奶奶便让陈一平带自己上门，要好好答谢那家人。奶奶刚到门口就听到婴儿的哭声，原来就是这位善良的母亲帮助了自己的孙子，奶奶由衷地对她表示了谢意，然后带着陈一平回家了。后来的日子里，每当鸡鸭生了蛋，奶奶总会把它们分成两份，一份让陈一平带给那户人家，一份留着自己家吃。这样的习惯持续了一年多，直到奶奶不再饲养鸡鸭为止。我们不要小看那些蛋，在当时，每家每户的蛋都是自供自养的，没有人到外面买，把自己家的蛋分一半给别人就意味着自己家要少吃一半。而对他们而言，大部分的营养都来源于这些蛋。

我国著名数学家华罗庚说过这样一句话：“人家帮我，永志不忘。”社会中的我们互不认识，可是当我们需要帮助时，往往就是这些不认识的人第一个向我们伸出援助之手。然而，这世上也有不少忘恩负义之人，使人心寒。有一个人，在一场大火中失去了全部的财产，一位素不相识的工人便把他每个月工资的一半送给那个人，并帮助他重建家园。后来，被帮助的人的生活状况渐渐好了一些，不再需要这位工人的资助了，就渐渐地和工人失去了联系。有一次，这个被帮助的人和同事在街上走着，遇见了那个帮助他的工人，然而他没有打招呼，而是把头低了下来，迅速地走了过去。其实，他不需要说什么感谢的话，只要笑笑就行了，他却只是这样不声不响地与自己的恩人擦肩而过了。

可见，忘恩负义的人在生活中还是不少的。但陈一平从奶奶的身上学会了感恩，对于别人的帮助，哪怕只是一杯水、一顿饭的帮助，也会记在心里。

第二个人就是陈一平的父亲。陈一平的父亲曾担任过校长，在别人的眼里他就像朋友，像兄长，像父亲。他在职的时候，帮助过很多人，也得到过很多人的帮助，他在退休的时候对年轻的教师说，做人必须要懂得感恩，要懂得对身边的人施以援手。陈一平当上校长后，他也常常教导陈一平：“学校的每一位教师都是你的恩人，正是由于他们的努力，才促进了学校的发展。”他总是提醒陈一平要时时刻刻体谅同事，帮助他们。陈一平的父亲在工作就对下属非常严格，要求他们事事都要做到位，但私下里他总会热心地给予同事帮助。有一次，一位同事的父亲在砍柴的时候把脚砍伤了，陈一平的父亲一听到这个消息，二话不说就赶到他的家里帮忙。在当地，每到夏天总会刮台风，每次收到台风消息，他就一定会亲自致电每一位教师，提醒大家做好防风准备。每一年的教师节，他都会花心思组织活动，让教师感受学校的关怀和温暖。

所以，陈一平遇到那些现实生活中需要帮助的人时，或在精神上鼓励他们，或在物质上资助他们，每次都不遗余力，尽自己最大努力使他们从困境中解脱出来。对于那些帮助过自己的人，则以经常性的问候、需要时的帮忙等来表示自己的感激。

感恩是人所应具有的最起码的良知，也是人必备的品德。对于一个“大写”的人，对于一个成功的人来讲，它是一种不可或缺的最基本的素质。那些自私自利、心胸狭隘、过河拆桥之人便成了“忘恩负义”的代名词。

从某种程度上说，懂得感恩不是把我们过去得到和受到的恩泽、恩情、恩惠、恩赐仅仅记在心里，更重要的是如何去给予回报。当然，这些回报不应是一种刻意的行为，而应该是一种出自内心、发自肺腑，在不知不觉中能够让人感到温暖的报答与感谢。或许，对那些于我们恩重如山的人，轻易言谢反倒有些失敬，因为他们对我们的恩情太重了，此生已无法报答，于是，只能“大恩不言谢”。陈一平认为，一个人常怀感恩之心，就能让身边的人感受到他的情义，而这正是影响人与人之间关系的一个重要因素。

作为校长，陈一平的表现不单单感染了身边的同事，还给学生树立了榜样。他要求学生的感恩从小事做起：当爸爸妈妈下班回到家，递上一杯热茶，送上一个微笑，说一句“爸爸妈妈辛苦了”，做一些力所能及的事，这是感恩；课堂上，对老师的一个凝神的目光、一个轻轻的点头，证明自己在专心听讲，这是感恩；下课后，遇到老师，一抹淡淡的微笑，一声亲切礼貌的“老师好”，这是感恩；教室里，把教室打扫得干干净净，给班级同学一个整洁的环境，这是感恩；放学了，向老师挥挥手，说一句“老师再见”，这是感恩；遵守校规校纪，遵守学生行为规范，保持和谐的学习秩序，这也是感恩。因为在这些点滴小事的背后，包含的正是发自内心的爱与尊重。这便是陈一平希望学生做到的。

策略二　我帮别人，莫记心上

中国有句老话说：“明人不做暗事。”但陈一平很喜欢做帮助别人的

“暗事”。陈一平读过这样一篇文章。

小王是从外地招聘来的教师，由于个子不高，其貌不扬，学校里的女教师没有一个看得中他。眼看着一个个新分配来的女教师都名花有主了，眼看着一个个比自己年轻的教师都成家立业了，小王心急如焚，但苦于“先天不足”，只能整天愁眉苦脸，做事无精打采。校长看在眼里，急在心里，为此，他打算暗中帮小王一把。校长不仅亲自给小王物色对象，还发动家人、亲朋好友为小王张罗对象，以解决他的后顾之忧。功夫不负有心人，在校长的“天罗地网”下，终于有几位女士答应与小王见面。最后，小王终于找到了女朋友，两人喜结连理。在结婚典礼上，有人把真相告诉了小王夫妇，原来他们的“幕后媒人”就是校长。小王对校长的敬佩和感谢之情油然而生。

陈一平乐于帮助教师，就如上文中的校长一样。但为了减轻教师的压力，陈一平更愿意做一个默默帮助他们的人。通过陈一平的一些“暗事”，我们可以看出陈一平做事的方式有以下三个特点。

第一，低调做人。作为领导，陈一平没有架子，而且不会大动干戈地张扬自己所做的好事。

第二，尽力而为。对教师生活方面的需求也尽自己所能去给予帮助。

第三，重视情义。要是不重视这份感情，谁会如此用心良苦地付出呢？

佛教中有一个词叫作“布施”。布施是善，但是假如说布施之后有求回报之心，心里还有贪念，那这种布施就是不善。给人恩惠，不求名利，不贪图回报，这才是真正的善。所以，从另一个角度上来看，我们在与人相处的过程中，首先要具备一颗善心，要把帮助别人当作一种善举，而不是一种交易。在经济学上，我们讲求利益、回报，而凡是涉及利益和回报的行为大多是一种商业行为。把人与人之间单纯的相互友爱、互帮互助当作一种商业行为，那是万万不可的。

有一位母亲住在福利院，她的年纪很大了，记忆力下降得很厉害。她老惦记着自己的儿子，一天到晚都跟照顾她的护士说要见自己的儿子。但护士从没见过她的儿子，也不知道怎样联系到她的儿子。这一天是老人的生日，护士就让自己的男朋友假扮老人的儿子，带着蛋糕去探望她。这下，这位老母亲高兴极了，可是她的牙齿全坏掉了，连蛋糕都吃不了，于是他开车带着“母亲”去镶牙。一进牙科诊所，医生就开始推销他们最好、最贵的假牙，可母亲非要最便宜的那种。医生不甘就此罢休，他一边看着她的“儿子”，希望他能答应镶这最好的牙，一边耐心地讲解好牙与差牙具有本质的不同。可令医生失望的是，这个穿着光鲜的“儿子”无动于衷，只顾着抽烟，根本就不理会他。医生拗不过母亲，只好同意了她的要求。这时，母亲颤颤巍巍地从口袋里掏出一个布包，一层一层地打开，拿出钱交了押金，约好一周后来镶牙。

两人走后，诊所里的医生就开始批评这个“儿子”，说他衣冠楚楚，吸的是上等的香烟，却舍不得花钱给母亲镶一口好牙。正当他们义愤填膺地议论时，不想“儿子”又回来了，他说：“医生，麻烦您下周给我母亲镶最好的牙，费用我来出，多少钱都无所谓。不过您千万不要告诉她实情，我母亲是个非常节俭的人，我不想让她不高兴。”这时候医生才露出了笑容，但他们不知道，这个小伙子并不是老人的亲儿子。

从这个故事中我们可以看出，帮助别人的方法有很多种，但不是每一次帮助别人都能够得到别人的赞誉和认同。故事中的小伙子出了力，出了钱，甚至被误解了也没有计较，更没有想过从老人的身上获得什么好处，这是一种单纯的帮助。但大家别以为暗中做好事就等于吃亏，别以为这是件得不偿失的事。

民间常言道：“吃亏是福。”做人要能吃亏，若斤斤计较，失去的反而也许更多。真正聪明的人，不会在乎表面上的、暂时的吃亏，他们看重的是实质性的“福利”。因为能够吃亏的人，往往是一生平安、心境坦然的。能吃亏是做人的一种境界，会吃亏是处世时的一种睿智。

举个生活中的例子来帮助大家理解。我们在超市经常会看到一些试食的促销活动，从利益的角度来看，这些活动确实是不赚钱的。但从长远的角度来看，这些免费试食可以带来怎样的效益呢？首先可以带来人气和知名度。人们现在的生活水平的确比以前提高了，但不可否认的是，大家精打细算的能力比以前更强了，一听说哪里有打折的东西、特价的商品，就会争先恐后地去购买。你看，这比花钱做广告还有效吧？当然，积聚人气是次要的，关键是这样一个免费试食的活动，能让更多的人尝到所推销的食品，从而吸引更多的回头客。

其实人做好事不计回报也是一样的道理。从眼前来看，我们帮助别人的确不能得到太多的物质利益。但抛去物质不说，一个热心帮助别人且不计回报的人往往会有更多人愿意与其交朋友，继而会获取更多的友谊，形成更广的朋友圈。这种收获是物质和金钱不能衡量的。在以后的工作和生活中，我们难免会碰到困难，会需要别人的帮助。并不是所有的困难都能拿金钱来解决，人们更多需要的是朋友的精神支持、建议和提醒。

陈一平在这一方面做得非常好：他懂得吃亏，不惦记别人的回报。除此之外，陈一平在帮助别人的时候分寸拿捏得非常好，点到即止，能够做到帮到别人也不邀功。生活中经常会有这样的一种人：一旦有事情需要他帮忙了，他就特别热心，什么事情都要管，什么细节都要干涉，好像事情突然成了他自己的事一样。我们一旦接受了这类人的帮助，就会感到非常累，第一感觉是自己亏欠他太多了，心里不好意思；第二感觉是他管得太多了，自己好像已经没有了隐私。不妨想想，要是一个人在我们很饥饿的时候给了我们一碗饭，我们会很感激，但要是他把饭嚼碎了，一口一口地喂到我们嘴边，我们就不愿意接受这样的帮助了。因此，在帮助别人的时候要注意分寸，不然即使你再热心，别人也不敢靠你太近。我们不要以为这种人如此卖力地帮忙是为了拿好处，一般来讲，这种人都比较热心肠、性格直爽，他们帮助他人并没有复杂的想法。但这样的人在人际关系上也没少碰壁，因为他们的行为往往会把朋友给吓跑。而陈一平是在帮助他人时懂得把握分寸的那类人。

有一位年轻教师希望陈一平能够指导自己写教研论文，陈一平得知这年纪轻轻的教师如此好学，自然高兴，就答应帮助他。一开始，这位年轻教师以为陈一平会像其他指导教师那样一点一滴地教他如何选题，如何研究，如何撰写，但陈一平并没有这样做。陈一平选择了几篇优秀的教研论文给那位年轻的老师看，让他自己找出论文的出色之处。陈一平还送了几本相关书籍给他，希望他好好领悟，尝试写一些内容，写好后再找自己讨论。年轻教师感到困惑：校长明明很热心地答应帮助自己的，为什么帮得如此少呢？半年后，这位年轻教师在权威杂志上发表了自己的论文，他特意来向陈一平道谢，他说正因为校长的帮助点到即止，自己才能真正凭能力做出成绩来。

对于陈一平而言，他所提供的帮助一般只是三分之一，绝不会给满。从心理学的角度来讲，人天生就有表现欲和证明自己“能行”的愿望，都希望能够表现自己。当一个人过多地接受别人的帮助的时候，这种自我表现的机会就会逐渐减少，自我表现和征服困难的欲望也会越来越弱，这对一个人的成长是没有好处的。从管理学的角度来看，谁都想当强者，你一旦给予某人过多的帮助，就相当于把功劳都拿去了，被帮助的人心里会感到不愉快。而且，领导要更加避讳抢下属的功劳。

一个研究所的副所长，他负责一个课题的研究。但由于行政事务繁多，他没有把全部精力放在课题研究上。他的助手通过辛勤努力把研究成果搞了出来，这个成果得到了有关方面的认可，赢得了很大的荣誉。报纸、电视台的记者都争相采访这位副所长，他却拒绝了，并对记者们说：“这一课题研究的成功是我助手的功劳，荣誉应该属于他。”记者们听了，为他的诚实和谦逊所感动，在报道助手的同时，还特别把副所长坦荡的胸怀和谦虚的言语都写了出来，使这位副所长获得了很高的评价。

高明的领导从不抢占下属的功劳，下属有功，领导的功劳自然也就体现出来了。从不占别人功劳这一点上，可以看出一个人的优秀品质，而优秀品质是一个人成功的基础。

因此，要是你身旁有人特别热心、特别乐于助人，但还是不招人喜欢，你可以回头想想他是不是帮助别人帮得太过了，连别人的功劳也占了。人都是有危机感的，比如，长相一般的女生通常不太喜欢与漂亮的女生站在一块，因为会显得自己不漂亮；长得矮的人一般不站在高个子的旁边，因为会显得自己更矮。所以，要是你帮助别人的时候把所有事情都揽着自己干了，给人的感觉就是“抢饭碗”，就会给别人带来危机感，以后，谁还敢找你帮忙呢？

人与人之间是缺少不了互相需要、互相帮助的，在职场上更是如此。只有把相互关系建立在互惠的基础上，以相互帮助为交流方式，这“人”字才能立起来，双方才能和谐共处。

第八章

凝聚合力的策略

一支优秀的团队，成员之间应该是相互关心、相互支持、相互依赖的，但并不是每一个领导都能把团队之间的关系调节得如此协调。在这一方面，陈一平就做得非常好。他非常注重团队的凝聚力，在增强成员之间配合度的同时，常常能够营造良好的协作氛围，使人人都有所收获。那么，作为领导者的陈一平是如何做好这一方面的工作的呢？

随着知识技术的不断推陈出新，竞争日趋紧张激烈，社会需求也越来越多样化，使得人们在工作、学习中所面临的情况和环境变得极其复杂。很多情况下，单靠个人能力很难完满解决各种错综复杂的问题并切实采取高效的行动，这就需要人们组成团队来共同完成，并要求成员之间相互协作、相互依赖，形成一种凝聚力，靠这种力量来创造奇迹。因此，领导者有必要认清团队凝聚力的重要性，应该研究增强团队凝聚力的方法。应该怎样发挥团队的凝聚力？高效的团队如何构建和运作？如何激励和引导团队成员向着既定目标前进？陈一平在这方面有什么锦囊妙计呢？

一个团队要做好一件事，首先所有成员的心要齐。在办公室这样狭小的空间里，更需要人人以团队为重。不要幼稚地以为个人英雄主义就可以让自己出人头地，任何工作都是系统工作中的一部分，越是管理得好的团队，展示个人主义的机会越少，所以最明智的工作态度就是视团队的工作为个人的工作。

一家外企招聘职员，吸引了不少人前去应聘。应聘者中有本科生，也有研究生，他们头脑聪明、博学多才，是同龄人中的佼佼者。董事长知道，这些学生有渊博的知识做后盾，书本上的知识是难不倒他们的，于是，公司人事部就策划了一个别开生面的招聘会。

招聘会开始了。董事长让六名应聘者一起进来，然后发了15元钱，让他们去街上吃饭，并且要求，必须保证每个人都吃到，不能有一个人挨饿。他们去了一家餐厅，菜的价格不高，但是每份最低也得3元。他们一计算，照这样的价格，六个人一共需要18元，可是现在他们只有15元，无法保证每人一份。于是，他们垂头丧气地出了餐厅，回到公司。董事长问明情况后摇了摇头，说："真对不起，你们虽然都很有学问，但是都不适合在这个公司工作。"

其中一个人不服气地问："只有15元钱怎么能保证六个人全都吃上饭？"董事长笑了笑说："我已经去过那家餐厅了，如果五个或五个以上的人去吃饭，餐厅就会免费加送一份。你们有六个人，如果一起去吃的话，可以得到一份免费的午餐，可是你们每个人都只想到自己，从没有想到团结起来，成为一个团队。这只能说明一个问题，你们都是以自我为中心、没有团队协作精神的人。由缺少团队协作精神的人组成的公司，又能有什么发展前途呢?”听完此话，六名应聘者顿时哑口无言。

陈一平与很多骨干教师年纪相差不大，他的性格又比较开朗，所以很多同事遇到开心的事、难过的事都喜欢找他聊天。陈一平与同事的关系一向比较平等，公事在会议桌上聊，家常在茶桌上聊。但我们都知道关系越密切，说话就越没有顾忌，有不少教师在与陈一平聊天的时候经常会有意无意地表达出对某些同事的不满。人与人之间的关系是很微妙的，在这样的情况下，领导的立场是十分关键的。作为领导，你要是认同了这位教师的观点，那他说话肯定就会更加大胆、露骨了；你要是明确地否定了他的说法，那他对你可能会心存怨恨。所以陈一平在这个时候一般都只是充当倾听者的角色，对哪一方都不偏不倚，尽可能保持中立。

另外，对于这种在背后说别人“悄悄语”的情况，领导必须懂得保密，而且要在暗中了解事实、采取措施。“我们五年级的级长很偏心，总是偏向（1）班，这学期的优秀评比都提名（1）班，还口口声声说自己是个公正的人。”五年级的一位班主任对陈一平说。“有这样的事吗？我去了解一下，那你觉得怎样改进比较好，提点建议吧?”我们都说领导要随时掌握情况，而这些情况和信息其实大多数还是从教师的口中得知的。校长作为学校的总指挥，必须详细了解学校的情况，但由于其身份的特殊性，一般难以真正深入地了解每一个班级和教师的情况、问题。所以，通过与教师交流，陈一平能够很迅速地得到相关的信息。当然，任何事情从人的口里说出来都带有主观性，所以不能单听一两位教师的看法，校长必须懂得筛选、整理和综合信息，客观地看待问题。

聆听这些信息除了能帮助校长更好地处理学校的事务以外，还能帮助教师更好地协调各方面的关系。其实，在聊天中我们很容易了解一个人的性格、爱好，以及他的人际关系，如他与哪一类人关系特别好，与哪一类人容易发生冲突都很容易在日常的聊天中凸显出来。所以一般来说，陈一平经常会根据与教师的聊天和谈话，适当地为下学期的人事安排做准备，通过调整岗位安排，协调教师之间的关系，缓解教师之间的矛盾。

此外，陈一平很善于利用团队活动来改善领导班子成员的关系。而且，陈一平是个“文武双全”的人，很擅长体育和文艺，因此，每一年学校至少会举办一次教师集体活动，如进行羽毛球比赛、篮球比赛、二人三足比赛、文艺表演等。

那么，是不是每次使用如此“温和”的方式都能够保证团队成员相互友爱，保证团队凝聚力得到加强呢？不是的。在陈一平看来，要让团队保持凝聚力，最直接有效的方法就是加强思想教育，以消除影响团队凝聚力的不良因素。我们都知道，环境对人的影响是很大的。别以为只有小孩才容易受到环境的影响，对于成年人而言，如果长期处于一个纷争不断的不和睦环境中，必定难以学会协作。

比如，你作为上司，单位有一个人是一名“虎将”，但他自恃学历高、能力强、业绩好，总在办公室其他同事面前吹嘘自己，作风散漫，甚至不太愿意遵守纪律。你要是为了保住业绩不敢动他，整个办公室很快就会弥漫这种个人英雄主义的气息，大家会认为只要自己做得好就能得到领导的认同，不必管团队的发展。

管理学上一个有趣的定律叫“酒与污水定律”，意思是将一匙酒倒进一桶污水中，得到的是一桶污水；把一匙污水倒进一桶酒里，得到的还是一桶污水。显而易见，污水和酒的比例并不能决定这桶液体的性质，真正起决定作用的就是污水，只要有它，再多的酒都会变成污水。

几乎在每个团体中，都难免会出现一些“污水”人物。他们身上总是存在着大量的负能量，常常到处搬弄是非、传播流言，破坏组织内部的和谐。最糟糕的是，他们像箱里的烂苹果，如果不及时处理，就会迅速“传染”，使整箱苹果都烂掉。“烂苹果”的可怕之处在于其惊人的破坏力。一个正直能干的人进入一个混乱的部门可能会被同化，而一个无德无才者能很快地将一个高效的部门变成一盘散沙。一个能工巧匠花费数日精心制作的陶器，一头驴子一秒钟就能将其毁坏。可见，破坏总比建设容易。作为一位领导者，即使你是一名巧匠，但如果你的团队中有这样一头善于破坏和谐的“驴子”，就可能给团队造成巨大的危机。你应该马上把他清除掉，如果无力这样做，就至少应该把他“拴”起来。

所以，当陈一平确认了团队中的“污水”人物时，就会及时地向他发出严厉的警告。作为领导，陈一平当然希望“污水”人物能够改过，能够更好地融入团队当中，但要是这一类人屡教不改，陈一平就会果断地把这一类人驱逐出自己的团队。哪怕某些教师受编制的保护不能开除，陈一平也会对其进行控制，以免他们有再生事端的机会。

发现人才、善用人才，在人才大战中占得先机，是精明的领导者引领团队成员走向成功的重要砝码，而有效运用“酒与污水定律”是组织一个高效团队的最佳途径。现代化管理的一项根本性任务就是对团体中的人才加以指引和筛选，剔除具有破坏力的“污水”人物，使合格者的力量指向同一目标，这就是人才的运作。从经济学的角度看，整体就是个人的集合体，团队的整体效率取决于其内部每个人的行为，这就要求这个集合体内的每个人都能发挥最大效能，以保持团队的整体步调一致。

人选好了，办起事来自然就事半功倍了。接着，陈一平采用了三个策略继续加强团队的凝聚力和协作力。

策略一　明确目标，团结向上

比赛要有口号，管理要有目标。团队有一个共同的目标才能更好地发展和前进。迪士尼公司说他们的意义就是要“让人们快乐”；可口可乐公司的目标是“令世界焕然一新”；海尔集团要“敬业报国，追求卓越”；京奥港集团的使命是“以诚铸信，共谋发展”。那么，陈一平在担任校长后，他追求的办学目标是什么？是“先成人，后成才”。

陈一平任职的学校并不在经济发达的地方，教学的条件和资源也并不完备，但陈一平认为，设备和条件不影响教书育人，不影响学生的成长。或许学生的成绩不如别人，如英语发音不够标准，但他们必须拥有做人的基本品质：善良、勤劳、诚实。

从心理学的角度来看，在小学低年级，大部分学生还处于以自我为中心的思维模式之中，有时甚至还会说出一些与事实不符的事情。比如，一名学生说："我家有一个大熊玩具。"另一名学生听到了，就说："我家也有一个，特别大，比我还要大，真的，不骗你。"其实，后面这位学生并没有大熊玩具，只是由于羡慕同学有这么好的玩具而撒了谎。这样的事情，在学生的生活中是经常出现的，教育者必须及时帮助他们更好地认识问题，改正问题，而在这一帮助和纠正的过程中，并不能单单使用批评这一手段。

陈一平在教育的过程中非常强调使用感化手段。每当他看到教师狠狠地批评学生的时候，就会讲起罗老师用故事感化学生的故事，提醒大家要懂得用和风细雨的方式教育学生。

故事是这样的：英语教师刚上完课，正好罗老师去候课。英语老师气急败坏地告诉罗老师，上英语课时竟然有几个学生做数学作业，他一气之下利用半节课的时间进行了训话，严重地影响了师生的情绪不说，教学效果更是不佳。罗老师踏进教室后，看到有一部分学生垂头丧气，还有学生向她告状。罗老师知道，如果这件事得不到及时处理的话，她的这节课准备得再充分，讲得再精彩，学生也听不进去，更重要的是之后的课都会受到影响。面对这种情况，罗老师没有急于上课，而是讲了一个故事《怪头发的小文》：小文是一个学习成绩一般的孩子。一次在全校举行的师生精神面貌比赛中，小文的怪发让同学和老师大吃一惊，更让班级受得了校委会的严厉批评。事后，师生得知了事情的真相，都深受感动。原来，小文由于家境贫寒无钱理发，对老师的话既不能置之不理，向父母要钱又于心不忍。无奈之中想了个"万全之策"，拿起剪刀自己当了一回理发师。故事讲完后，罗老师发现有些学生的眼睛湿润了，刚才犯错的学生低下了头，罗老师知道他们已为小文强烈的集体观念和荣誉感所深深折服。此时，罗老师并没有过多地责备犯错的学生，只是说了几句简短的话："同学们，学习不光是一个人的事，上课做小动作或干一些与课堂无关的事更不是一个人的事。要知道，你们每一个人的一举一动代表的是整个班级的形象。做错事并不可怕，怕的是没有勇气改正错误。我希望今天的事以后别再发生，大家能做到吗?”听完罗老师的话，学生异口同声地答道：“能。”此刻，课堂气氛明显好转，犯错的学生也抬起了头。一个小故事就这样轻而易举地化解了一场危机。

从这件事中，我们可以看出陈一平的管理目标非常明确，对教师的要求也比较严格。任何一位校长都希望把学校办好，培养出出类拔萃的学生，但在教育管理的路上，并不是每一位校长都能寻找到合适的目标，并一步一步地实现。

曾有这样一个故事：有一只海马有一天做了一个梦，梦见自己有了七座金山。其实，现在它手上只有七枚金币。海马想让这七枚金币变成七座金山，于是它决定去寻找。海马出发了，它在海里游啊游啊，游得很慢。它面前出现了一条鳗鱼，鳗鱼对海马说：“我把一只鳍卖给你吧，只要四个金币，这样你可以加快游泳速度。”海马同意了。海马戴上鳍，速度一下子提高了两倍。海马继续向前游去，它觉得金山就在前面了。这时它面前出现了一只水母，水母对海马说：“我有一艘快艇，只需要三枚金币，如果你买下了，你的速度会比现在更快。”海马想了想，答应了。海马坐上快艇，像箭一样向前驶去。过了一段时间，一条鲨鱼游过来了。鲨鱼对海马说：“我有一个好的解决方案，我本身就是一条快速行驶的大船，如果你进到我的肚子里面，我会载着你游得更快。”海马说：“谢谢你！可是我没有钱了。”鲨鱼说：“不要钱，快进来吧!”鲨鱼张开了嘴，海马游进了鲨鱼的肚子里。最后海马找到梦中的金山了吗？没有，它被鲨鱼吃了。

由此看来，在制订目标及执行过程中，要根据实际情况和自身的条件来做决策。

协作箴言：不要把目标和计划建在流沙之上。不切实际的想法会导致严重的状况出现，让团队无绩效的同时也会阻碍个人的职业发展。

确定目标是非常关键的，世界上没有哪个目标一定是最好的，适合自己的就是最好的。所以，领导者必须懂得确立目标，才能更好地带领大家往前走。我们不难发现，陈一平在选择目标上并没有要求学校达到最高的标准，争取培养出顶尖的学生。这样做的用意有两个：第一，陈一平重视育人多于重视成绩。第二，陈一平对学校的定位比较恰当。陈一平认为，人的发展是有规律的，而且环境的影响力也比较大，要培养出顶尖的学生，不是靠喊口号就能喊出来的。陈一平知道自己所在的学校属于一般学校，学生家庭教育程度一般，基础也不是特别好，硬要培养顶尖学生，只会苦了学生也苦了教师。

年轻人在确定目标的时候，最容易好高骛远。若所制订的目标无法实现，那这目标便是毫无意义的。因此，制订切合实际的目标非常重要。另外，目标的可实现性会大大增强团队成员的士气和工作积极性，更能加强团队的凝聚力。在这个日新月异的信息时代，抢机遇、谋发展、迎挑战已成为大家的共识。共同的、可实现的目标往往能够帮助团队发挥同舟共济的精神，从而更好地实现新突破。历史的车轮只有靠众人合力推动，才能滚滚向前。共同的目标就是团队协作的一个基本支点，推动着团队不断前进。共同目标的确定，既能保证组织的高效率运转，又能更好地提高团队的凝聚力和协作力。

策略二　听取意见，深得人心

周一，副校长来到了学校。因为周末两天刮过大风，所以校园各处散落着很多树叶和枯枝。平常还好，现在仔细一看，大部分角落都有垃圾，垃圾桶旁边有不少纸张和包装袋，偌大的校园凌乱不堪。副校长又回想起，最近每次巡视校园，总看到很多学生拿着扫把在玩耍，只有极少人在认真地做清洁工作。怎么办呢？副校长与几位教师商量后决定：教育从卫生工作抓起！

于是，副校长在行政例会上提出了工作思路，本以为不会有人反对，所以就没做太多的说明。谁知领导班子中有人当场就说："学校的主要问题是教学质量上不去，抓工作首先应该是教学，而不是卫生。""学校里面不是有大扫除的工作安排吗？为什么还要多此一举呢？"大家议论纷纷。副校长不好当场与大家争执，这个提议就先搁到一旁了。

陈一平回来后，副校长就把自己的想法、方案与陈一平说了。"学校的环境的确需要改善，但其他教师提出的意见也有合理之处。"陈一平说。周副校长原以为校长会站在自己这一边，可没想到他也认为自己的想法不妥，心里自然就有点难受。副校长说："我不也是为了学校好吗？环境好了，大家都舒服。我不能理解大家为什么会反对，反正我认为这个方案是可行的。"陈一平想了想，然后对副校长说："我们领导班子成员应该敢于听取意见，而且他们向你提意见，证明他们信任你，相信你是个民主的领导。另外，你放下私人情绪想想，一个集体中的大部分人都提出了反对意见，显然不是针对你个人的，可能是方案确实有不合理的地方，你更应该重视。"副校长听了，心结就一下子打开了。

其实在管理中，出现意见分歧是平常的事情，但领导者要特别注意听取各方意见。赞同自己的意见谁都敢讲，自己也容易听得到，所以最重要的是善于听取不同的意见。在生活中，不少领导为人处世不虚心，导致下属不敢提意见，自己很难听到不同的意见。所以，陈一平最怕别人不敢发表不同的意见，每当会场上大家鸦雀无声、一点意见都没有的时候，他就知道事情不妙了。在职场上，领导者的主要职责之一就是做决策，在一片掌声、一片附和声中定夺的决策，可能只是表面上正确；而多听不同意见，集思广益，才能保证决策的科学性、合理性。其中恰恰就反映了从谏如流的管理策略。

俗话说："将军额上能跑马，宰相肚里能撑船。"唐太宗的不少历史故事都诠释了这一点。一次，唐太宗怒气冲冲地回到后宫对皇后长孙氏说："总有一天我要杀掉这个'乡巴佬'。"长孙皇后忙问原委，唐太宗说，魏徵常常在朝堂上当众刁难他，使他下不了台。皇后听了，连忙向唐太宗道喜说："魏徵之所以敢当面直言，是因为陛下乃贤明之君。明君有贤臣，欢喜还来不及，怎能妄开杀戒呢?"

唐太宗恍然大悟，此后更是励精图治，虚心纳谏，对魏徵倍加敬重。魏徵也进谏如故，知无不言，从不畏惧龙颜之怒。由是，君臣合璧，相得益彰，终于开创了大唐"贞观之治"的辉煌盛世。

魏徵死后，太宗恸哭长叹，说出了那句千古名言："以铜为镜，可以正衣冠；以古为镜，可以知兴替；以人为镜，可以明得失……魏徵殂逝，遂亡一镜矣！"他还令公卿大臣们把魏徵遗表中的一段话写在朝笏上作为座右铭，希望他们以魏徵为榜样，做到"知而即谏"。

在我们的日常工作中，这样的领导比较少见。我们应该向唐太宗学习，首先具备倾听的基本修养，同时要有包容的胸襟，以海纳百川的宽广胸怀，容自己，也容别人，更容不同意见，认真听取、吸纳各方意见，这样才能让下属或群众知无不言，言无不尽。要是心胸狭窄气量小，只能听好话，一听赞同意见就笑，一听反对意见就跳，一听没完成任务就骂，让下属或群众有话不敢说、有言不能谏，这样的领导肯定是不得人心的，所做出的决策也是非常片面的。

另外，领导听取别人意见的时候，首先要放下架子，乐于请教。下属敢于谏言当然是好事，但要获得好的效果的确不容易，有时候不是领导放下架子就可以解决的。享誉世界的科学家钱学森担任中国科学院力学研究所所长后，在研究过程中曾遇到重重困难，他知道只有集中大家的智慧，群策群力才能攻坚克难。因此，遇到困难他就组织大家讨论，以期找到解决问题的最佳途径。然而，因为钱学森的名气太大了，又是领导，以至于每次研讨会大家都以钱学森说的为准，谁也不提意见。为了改变这一局面，钱学森在一次开会中故意说："我上个月，到农村去了一趟，帮助一个农民上树去摘土豆……"他话没说完，就有人主动站起来发言："钱所长，您讲的恐怕不对吧？土豆是生在地下的，怎么跑到树上去了?"听到终于有人反驳了，他说："谢谢大家，总算有不同意见了。"大家这才恍然大悟。自此，会议气氛活跃了，大家也敢于提不同意见了。由此可见，氛围非常重要，民主平等的氛围往往更容易让人敢于开口。

另外，我们在前面说到，团队成员愿意提意见往往是件好事，能体现群策群力的作用。

西汉文学家扬雄在《法言》中写了一个故事：秦朝灭亡之后，楚、汉争夺天下，结果在垓下这个地方，刘邦的汉军重挫了项羽的楚军。项羽逃到了乌江河畔，他说：“天之亡我，我何渡为!”他觉得没有颜面回去见江东父老，于是自刎而死。项羽将自己的失败归咎为天命，扬雄却认为，刘邦善于谋略，能利用众人的计策和力量，因此可以得到天下；而项羽刚愎自用，不能知人善任，所以最后落得兵败自杀的下场，和天命没有关系。

所以，领导的能力再强，众人力量还是不可缺少的。绳子一旦没有扭成一股劲，力量自然就不会强。一个前进的时代，总要有一种奋发向上的精神；一个发展的学校，总要有一种积极进取的意志。陈一平用多年的经验、事实告诉我们：一个团队的建设，不仅要有强大的物质基础，更要有强大的精神动力。

策略三　人性管理，创造价值

在管理上，陈一平除了坚持民主化，让下属敢说以外，最重要的是能够在团队中营造温暖亲切、相互关爱的氛围，让团队更有凝聚力，更有向心力。

陈一平主要采取“满足需要”这一方法来营造良好的团队氛围。根据马斯洛的需要层次理论，人的需要可分为由低到高的五个层次：生理需要、安全需要、情感需要、尊重需要、自我实现的需要。马斯洛指出，人的需要是由低级向高级不断发展的，这一趋势基本上是符合需要发展规律的。因此，需要层次理论对领导者如何有效调动人的积极性具有启发作用。

我们来看看陈一平是怎样满足教师们的需要的。一般来说，每个企业和单位都会规定明确的上下班时间，但陈一平有一项很特殊的内部规定：家里小孩还没满 5 岁的女教师，只要下午没有课就可以比正常放学时间提早半个小时下班，前提是必须有教师负责班级的事务。我们都知道，母亲对孩子的影响是非常大的，而在陈一平所在的学校里，大部分教师都是 30 多岁，她们的孩子一般都在上幼儿园。幼儿园比小学要早一点放学，因此很多教师非常苦恼。于是，陈一平就做了这样一个内部规定来为教师提供方便。

一项研究表明，不管在哪一个行业或者针对哪一类的产品，人性化的设计总是特别受欢迎。例如，现在的公共厕所大都有自动感应冲厕的功能，这些显然要比以往按压式的冲水便捷、干净多了。又如，最近非常流行自拍杆，实际上这个产品并没有特别高的技术含量，但由于它的设计非常人性化，实用性强，能够满足人们的需求，所以很受欢迎。

陈一平在制订规定及安排工作上，非常强调满足教师的需要。对教师物质上的需要，作为领导并不能提供得太多，但对教师情感和自我价值方面的需要，陈一平非常关注。

比如，每一次对教师工作进行落实检查的时候，陈一平都非常注意方式方法，尽可能从关心的角度进行了解，从来不讽刺挖苦或者训斥教师。在总结工作时，陈一平更多的是看教师的优点，并对此大力表扬；对缺点和不足，则背后交流，督促教师积极加以改进。大家不要小看“赞扬”这一手段，它能够产生极大的推动作用。我们来看下面这个故事。

韩国某大型公司的一名清洁工，本来是一个最被人忽视、最被人看不起的角色，但就是这样一个人，在一天晚上公司保险箱被窃时，与小偷进行了殊死搏斗。

事后，有人询问他此举的动机时，他给的答案却出人意料。他说，公司的总经理从他身旁经过时，总会不时地赞美“你扫的地真干净”。就这么一句简简单单的话，就使这个员工受到了感动，这正合了中国的一句老话“士为知己者死”。

美国著名女企业家玛丽·凯曾说过：“世界上有两件东西比金钱和性

更为人们所需，那就是认可与赞美。”

金钱在调动下属的积极性方面不是万能的，赞美恰好可以弥补它的不足，因为每一个人都有较强的自尊心和荣誉感，都希望得到别人的赞美。真诚赞美下属的领导，能使员工的心灵需求得到满足，并激发员工潜在的才能。“好话一句三冬暖”，打动人最好的方式就是真诚的欣赏和善意的赞许。

协作箴言：人性化的管理，很多时候能够收到意想不到的管理效果。

在管理过程中，陈一平注意人性要素，善于发掘人的潜在能力，尊重人才，积极为他们提供各种发展的机会。这种把人作为管理活动的核心，尊重人的本性，满足人的合理需求，激发人的热情，调动人的积极性，发挥人的创造性的管理理念，对于加强集体的凝聚力有着非常重要的作用。陈一平在日常管理工作中特别注重以下几个方面。

一是平等精神。无论职位高低，所有教师在人格上都完全平等。

二是对教师的自由和自主的充分尊重，信任下属，敢于放手。

三是管理要诚心、用心、耐心，给自己和对方足够多的时间，注重过程。

海尔集团首席执行官张瑞敏曾说过这样一段话：“要让员工心里有企业，企业就必须时时惦记着员工；要让员工爱企业，企业首先要爱员工。”可见，要使员工安心工作、乐于工作，就要对员工的工作、生活进行全方位的体贴。比如，要确保员工的工作安全，当工作效率与安全问题发生冲突的时候，要坚持“安全第一”的思想。同时，要关注员工的健康状况，定期检查员工的身体及精神健康状况，为每个员工制订健康计划，经常组织员工开展健身活动。此外，为员工提供舒适的工作条件，留意每个节日和每个员工的生日，关注每个员工的家庭，积极解决员工的后顾之忧，努力避免一切歧视现象的发生等，这些都要摆上企业的议事日程。被誉为

“日本的爱迪生”的管理大师盛田昭夫，从自己的管理实践中体会到，通过一定的途径和方式让下级表达自己的不满，发表批评意见，抒发自己的心声，对团队来说非但不是不幸，反而有利于培养良好的上下级关系，使团队少冒风险。不同意见越多，团队的决策就越高明，公司犯错误的风险就越小。

陈一平这样的管理方式得到了大多数人的认同，也使他成了一位受人尊重的校长。有一年，学校由于出现了意外事件被上级责问，陈一平作为学校的管理者自然难辞其咎。为了处理那件事，陈一平在短短的半个月内瘦了差不多10斤。那段时间内陈一平为了处理那件事，每天都要往教育局跑，对学校的事情就难以顾及了。但让陈一平欣慰的是，在自己最艰难的时候，教师们显现出了非常强的团队意识，各级各组都根据自身的所能为陈一平减轻工作负担。在这段时间，陈一平因为事多走不开，偶尔有私事需要解决，大家也会主动帮忙。

大家想，陈一平在身陷困境的时候能够得到大家无私的帮助，究其原因是什么？

协作箴言：要让教师爱学校，学校首先要爱教师。

从管理学的角度分析，陈一平在集体中已经建立了良好的声望，而良好的声望有助于巩固他在集体中的地位。这就是著名的管理学定律“怀特定律”，即领导如果具备良好的人格魅力和声望，往往会为其在团队中的影响力加分。声望大多是经过长时期的沉淀才形成的，不是你做一两件好事、说两句好话就能树立的。毋庸置疑，声望能提高一个人的职场影响力，但声望本身是他人给予的。一个人的声望往往是在帮助别人的过程中积累起来的，因此，那些喜欢帮助别人的人通常会获得更多的信任和赞誉。所以，实施人性化管理，多帮助团队成员，不但能够提高个人声望，而且在自己需要帮助的时候，也能获得他人的帮助，至少不必担心被人趁机暗算。

说到这里，先给大家讲一个小规律，陈一平就是通过这个做人的规律获得成功的。

我们经常说："磨刀不误砍柴工。"在砍柴前先花点时间把刀磨锋利，砍柴时速度自然就快。但实际上，很多人都舍不得在磨刀上花费时间。在学校中，教师经常用"磨刀不误砍柴工"来教导学生，希望学生认真读书，暂时不管其他的事情；回家后，家长经常提醒孩子在做作业前要先复习，再做作业，但很多孩子为了更快地完成作业，从不喜欢花时间多看一遍书，结果作业中出现了大量的错误。也就是说，如果不磨刀，刀很钝，就会严重影响砍柴的速度与效率。在砍柴前花费一些时间来磨刀，一旦刀磨得很锋利，砍柴的速度与效率就会大大提高。联系生活来理解就是，要办成一件事，不一定要立即着手，但一定先要进行一些筹划，进行可行性论证和步骤安排，做好充分准备，创造有利条件，这样就会大大提高办事效率。

在生活中人人都懂的道理，在职场上却有很多人弄不明白。职场中大多人都讲求利益关系，这是无可厚非的。而利益分为长远利益和短期利益两种，大部分人输在太在乎短期利益上。

曾经有一篇报道提到，一所学校的绩效工资分配不公，假期内教师无酬加班加点，食堂饭菜没有照顾到学生和教师的口味，教师忍无可忍就举报了该校校长。结果，该校校长受到了停职的处罚。

还有一篇关于美国普惠公司的报道。由于这家公司业务比较多，很多员工就向上级投诉说自己连谈恋爱的时间都没有。公司非常重视，特意设立了一个"红媒"项目，让员工在工作之余有机会认识更多的朋友，获得幸福。另外，为了促进员工之间的沟通，公司还实行了走动式管理和开放式管理。所谓"走动式管理"，就是公司高层管理者经常到公司各处走动，在了解情况的同时与员工进行交谈，倾听他们的意见；所谓"开放式管理"，即创设公司全体员工相互信任和理解的环境，使每个员工感到可以自由地表达自己的思想、意见。公司鼓励员工与任何管理者讨论任何问题，因此，包括最高管理者在内的所有员工，都是在没有隔墙、没有门户的大办公室里工作的。

通过这两个例子的对比，我们可以发现：领导者就是一位工匠，管理的艺术就是他手中的刻刀。如果他善于利用这把刻刀，自然就会雕刻出好的作品。舍得花精力和时间磨砺自己的刀的人，将来一定可以得到更大的回报。其实，领导者可得的回报应该是间接的，他所领导的团队产生的利益才是他最大的收获。如果他仅仅着眼于从自己下属的身上索取毛利，自然是失败的。

民间流传着一个小故事。一只四处漂泊的老鼠在佛塔顶上安了家，佛塔里的生活实在是幸福极了，老鼠既可以在各层之间随意穿梭，又可以享用到丰富的供品，甚至享有别人所无法想象的特权——人们不敢正视的佛像正是它自由玩耍的地方。每当善男信女们烧香叩头的时候，这只老鼠总是居高临下地看着那些人，心中暗笑："可笑的人类，膝盖竟然这样软，说跪就跪下了！"有一天，一只饿极了的野猫闯了进来，它一把将老鼠抓住。"你不能吃我！你应该向我跪拜！我代表着佛！"这位"高贵"的俘虏抗议道。"人们向你跪拜，只是因为你所占的位置，不是因为你！"野猫讥讽道，然后，它像吃一个面包那样把老鼠吃掉了。

领导者就像故事中的那只老鼠，只有当他背后的团队足够强大时，他才能真正长久地保持自己的价值，甚至不断提升自身的价值。领导者的威信是在团队中建立的，价值也是通过团队才能真正显露出来的。一个人即使再强，光芒也是微弱的。

美国著名政治家尼克松在《领袖们》一书中写道："我所认识的所有伟大的领导人，在内心深处都有着丰富的感情。"换一种说法就是，这些伟大的领导者都很有人情味，很善于关心下属、理解下属。是的，只有做一个善待下属、富有人情味的领导者，才有可能攀升到"伟大"的高度。

第九章

志同道合走向成功

志同道合是协作的前提和基础，协作伙伴之间如果彼此志向、志趣相同，那么在协作的过程中自然会更加融洽和谐。陈一平在这一方面做得非常出色，为了让每一次协作都能够更顺利地开展，他总是在事前做充分的准备工作，对协作伙伴进行详细的了解，从而保证协作的顺利进行。那么，陈一平是如何在茫茫人海中选中志同道合的伙伴的呢？

学校与外界的交流和协作是必不可少的，其中最常见的就是兄弟学校之间的协作以及学校与社区之间的协作。俗话说，万事开头难。如何选择适合学校发展的项目和协作伙伴，而且让师生共同参与其中，绝对不是一件容易的事。在陈一平看来，家校协作一直是重中之重。因此，他非常希望能够以学校与社区协作为平台，加强家长、社会人士对教育的认识。当然，真正实施起来没有想象中那么容易。首先要选择好与之合作的社区。那么，作为学校的领导者，如何物色与自己志同道合的社区进行教育活动呢？任职10多年来，陈一平多次成功策划了学校与社区联手开展的课外活动，提高了学生的综合发展能力，获得了家长和学生的高度赞扬，为自己的职业生涯增添了精彩的一笔。那么，陈一平在策划与外界单位协作的时候，他究竟有哪些高明的做法呢？我们从中又能得到怎样的管理智慧呢？

叶圣陶有一句名言："生活即教育。"每一位父母都希望自己的孩子能够学到很多知识并学以致用。所以，大部分人都开始重视学生的动手、动脑解决问题的能力，希望学生能够在生活中学习知识，把知识运用到生活中。打个比方，学生每天读的书、算的数、背的英语单词就像江河，这江河就是学生平常一点一滴学习的知识，但有一天，每一条江河都必须流回到生活这个海洋中，才能保证知识不枯竭。在生活中，应用知识才是学习的根本目标。陈一平本着这样的教学理念，在办学的过程中强调学生学以致用的能力。

暑假又来了，陈一平并没有停止前进的脚步。自从成为教师以后，陈一平就养成了一个习惯，只要是有孩子在的地方，陈一平就会被吸引住。我们在日常生活中经常会提到"职业病"这个词，一般有两种解释：第一种的是身体上的病痛。由于职业的原因，教师过量地接触粉尘、放射性物质，身体会受到伤害。另一种是精神上的因素，就是从事哪一行，对哪一行就越敏感。举个例子，我是卖烤鸭的，走到街上只要远远闻到烤鸭味，就一定要去瞧瞧，看看他们的烤鸭跟自家的比怎么样，色泽有没有自家的好，香味有没自家的浓。校长也有自己的职业病，虽然到了放假的时间，但陈一平的心一天也闲不下来。

一天，陈一平约了多年没见的老朋友相聚，由于来早了，就把车子停在一边，自己先到附近逛逛。这一逛让他发现了一个有趣的活动。在一个广场里，很多家长和孩子聚在一起。他走近一看，广场上到处是小摊位，一群孩子在各自的小摊位上出售自己的商品。经过了解，陈一平得知原来他们正在举办一个儿童“跳蚤市场”。在这个小广场中，孩子们把自己的旧玩具、图画书、手工制作等摆上摊位，然后可以通过物物交换的形式换取自己喜欢的东西，也可以低价购买自己喜欢的商品。而在场的家长在整个活动中只做孩子的助手，他们都愿意放手让孩子当“小老板”，自己则在一旁观察孩子的表现。

对于“跳蚤市场”大家并不陌生，特别是在外国。随着人们的环保意识越来越高，二次利用的理念被越来越多的人接受。在陈一平的眼里，不仅要培养学生的环保意识，更要培养学生的综合能力。

从生活的变化中，我们可以感受到越来越多的家长开始重视对孩子的教育，他们更愿意花时间陪伴自己的孩子成长。为什么会出现这样的变化呢？第一，家长的教育意识越来越强了。随着独生子女越来越多，人们受教育的机会越来越多，大部分家长都知道要与孩子加强情感交流，多参与孩子的教育才能更好地促进孩子的发展。所以，以往把孩子丢到学校就撒手不管的现象越来越少了，取而代之的是，父母隔三五天就会给老师打电话了解孩子的情况。任何一种感情的升华都有赖于交流，亲子之情虽是与生俱来的，但若缺少用心交流，长此下去，孩子和父母的亲密程度也会有所下降。第二，孩子在家庭中的地位越来越重要。对于大部分年轻父母而言，大多只有一个孩子，所以他们愿意把最好的东西给予孩子，一切有利于孩子发展的事情他们都愿意去完成。当然，这样的观念也是造成父母溺爱孩子的重要原因。

陈一平对家庭教育非常重视，他希望家长能重视教育，更好地配合学校做好教育工作，帮助孩子健康成长。作为校长的陈一平，看到了这个“跳蚤市场”活动就萌发了一些想法，希望也能策划一个活动，促进家长、社会人士与学生互动，让更多的力量合在一起帮助学生健康成长。

当天晚上，陈一平开始思考：策划什么样的活动才能让孩子和家长都有兴趣参加，同时加强他们之间的沟通呢？他曾看到过一篇文章，讲的是在几十年前，苏联的教育科研部门做过一次科学实验性的调查，找来了几十位年龄不同、性别不同、职业不同的成年人，发给他们同样的材料——铜块，同样的工具——钢锉，同样的辅助工具——台钳、卡尺，向他们提出同样的要求，那就是把铜块锉成长、宽、高均为2厘米的正方体。实验性的手工制作开始了，每个人都用台钳夹住铜块，用钢锉加工制作，经过了一个小时，全体停工，由专业技术人员按照八级钳工的技术要求标准去检查每个成品。检查发现大部分不合格，只有七八个接近八级钳工的水平。然后，检验员对这几位合格者进行全面调查，找他们的共同点，但无论从年龄、职业、性别、兴趣、爱好、性格等方面，都找不出什么共同点来，再与制作不合格的人做分析比较，也找不出他们几位与别人有什么显著不同。经过了一段时间的调查研究，研究者终于发现，这几位制作得好的人在上中学时都曾参加过学校或少年宫的与手工制作有关的小组活动，有的参加过航模小组，有的参加过泥塑小组，有的参加过刺绣小组……调查的结论是，从小受过动手训练的人，能按照一定的要求正确使用工具，自我控制能力较强。

陈一平想起这篇文章以后，就决定策划一些锻炼学生动手能力、思维表达能力、自我控制能力、人际交往能力的活动。毕竟校内的课程还是偏理论化，他希望通过这类课外活动给学生提供实践的机会。

最后陈一平决定寻找一个合适的社区，协作举办这类活动。陈一平分析了周边环境：一般都是以街道为基本单位的区域，同一社区居民彼此交往频繁，关系比较亲密。另外，同一社区的孩子大都在同一所学校上学，感情基础好。若能充分利用社区资源，把学校和家庭的力量结合起来为孩子创造丰富有趣的社区活动，就一定能够帮助他们适应“社会人”的身份，为未来的发展打下良好的基础。但陈一平又考虑到学校联合社区开展活动存在着很多安全隐患，而且需要沟通的事情比较多，这个项目必须得到家长和教师的支持和配合才行。尽管陈一平对这个活动还没有绝对的信心，但还是拨通了教导处主任的电话，与他商量这件事情。

在生活中，我们经常会有一些想法，但并不是每一种想法都能实现。我们从陈一平的反应中可以发现两个管理规律：第一个叫作“隧道视野效应”，意思是说一个人若身处隧道中，那么他的视野范围就只是前后非常狭窄的区域，这样看问题就会缺乏远见。一件事情，尽管现在看来办好它不容易，甚至困难重重，但如果看清了它的将来，从长远的眼光来看断定这件事情值得去做，就算成功了一半。明智的人总会在放弃微小利益的同时，获得更大的利益。

对很多人而言，这一小小的“跳蚤市场”活动可能只是茶余饭后的谈资，但陈一平作为教育者看到了活动的独到之处，并紧紧抓住了这次机会。下面我们一起来看一个小故事。

终生平庸的约翰死后去见上帝，上帝查看了他的履历，很不高兴地说：“你在人间活了几十年，怎么一点作为都没有？”

约翰辩解说：“主呀，是您没给我机会。如果让那个神奇的苹果落在我的头上，发现万有引力定律的就不是牛顿，而是我了！”

上帝说：“我给大家的机会是一样的，是你自己没有抓住机会。”于是，时光倒回到几十年前的苹果园。

上帝摇动苹果树，一只苹果正好落到约翰的头上。约翰捡起苹果用衣襟擦拭一下，几口就吃掉了。上帝又摇动苹果树，一只更大的苹果落在约翰的头上，又被约翰吃掉了。上帝再次摇落一只大苹果落在约翰的头上，约翰大怒，捡起苹果狠狠地扔了出去：“该死的苹果，把我的头都打疼了！”

那个苹果飞到了正在睡觉的牛顿的头上，牛顿醒了，捡起苹果，豁然开朗，就此发现了万有引力定律。

看了整个经过后，时光回到了现在。上帝对约翰说：“你现在应当口服心服了吧？”

约翰苦苦哀求：“主啊，请你再给我一次机会吧！”

上帝摇了摇头说："不会抓住机会的人哪，再给你一百次机会也没有用。"

上帝是公平的，每个人都会碰到大大小小的机会，但真正能够抓住机会的往往是那些善于思考和有准备的人。陈一平长期从事教育工作，对于与教育相关的事，眼光自然会比较敏锐，尽管现在学校的规模还不够大，开展学校与社区协作活动面临的困难、受到的阻挠也比较多，但是他认为，这样的活动对于学生而言是非常有益的。陈一平的做事态度就是看准了就行动，绝不轻易言弃。

另外，有了想法是不是就能把事办成呢？不是的。协作是大家的事，一个人认为对不代表大家都赞成，即使大家都赞成也不能保证事情能够顺利地进行。这就体现了第二个管理规律，叫"华盛顿合作定律"。这个定律与我们熟悉的"三个和尚没水喝"的故事有点类似，意思就是一个人敷衍了事，两个人互相推诿，三个人则永无成事之日。协作的好处，我们每个人都知道，但协作真的只有好处而没有消极的地方吗？不是的。人与人的协作不是人力的简单相加，而是要复杂和微妙得多。团队成员的力量，要是方向一致时自然会事半功倍，要是方向相抵时则会一事无成。所以陈一平考虑这个活动的时候，并没有轻举妄动，他经过了深思熟虑后，才与教导处主任一起来深入讨论。陈一平在管理场上打拼多年，所做的决策也曾被一些人反对。对于领导者而言，最完美的状态当然是尽可能地减少分歧与冲突的发生，在短时间集中大家的智慧，加强凝聚力。很多管理学学者都对"三个和尚没水喝"的问题提出过解决方法。

第一种解决办法：大家轮流去挑水，结果，吃水的问题迎刃而解。

第二种解决方法：和尚们一个人挑水，一个人砍柴，一个人做饭，每个人责任明确，同时又分工协作，这样，不仅解决了吃水问题，也建立了新的管理机制。

第三种解决方法：建立一种激励机制，谁主动承担挑水的任务，就是对寺里做出了重大贡献，在物质分配、职务晋升等方面优先考虑，如果挑水成绩显著，就给予重奖。这样，吃水问题也不再是问题，还促进了这个寺庙的“精神文明”建设，使寺庙管理提高到了一个新水平。

第四种解决办法：分别给三个和尚一个桶，每次让三人一起去打水。虽然表面上看是各自为政，但实际是为了同一个大目标而努力。

所以要解决吃水问题，关键在于管理。选择怎样的和尚，制订怎样的协作机制，进行怎样的分工，都需要领导者具备管理的智慧。

协作箴言：在一个组织中，领导者就是坐标、原则、基准。

通过前期讨论，活动就要正式开始筹划了。在与外界协作之前还需要团结好内部，陈一平在例会上向大家正式提出了活动规划，请大家提出自己的意见。当然，这样的活动会给大家带来额外的工作量，一开始必定有教师提出反对的意见，但这些意见最终也在会议上逐渐消失了，因为大家都知道这样的活动举办机会不多，而且的确有很大的教育意义和价值，其创新性也非常值得肯定。

那么，接下来的就是物色活动开展的地点了，究竟选择哪个社区比较合适呢？自近代学校制度建立以来，学校作为学习者学习和生活的主要机构，在教育活动中始终处于中心位置，而陈一平认为除了学校以外，社区也应该在学习者的学习和文化活动中充当主导角色。我们来看看陈一平最终是通过怎样的方法寻到合适的社区协作伙伴的。

方法一　深入了解，寻找共鸣

每到秋季，天空中就会有成群结队的大雁向南方迁徙，而这南飞的雁群就是一支完美的团队，是值得我们学习的楷模。科学研究表明，大雁组队飞行的速度要比其单独飞行的速度提高22%，而组队飞行的距离要比其单独飞行的距离多出12%。雁群是由许多有着共同迁徙目标的大雁组成的，在组织中，它们有明确的分工：有负责雁群安全的巡视放哨的大雁，有负责指挥调度的领头雁，有负责觅食、照顾年幼大雁和老龄大雁的青壮年大雁。在雁群进食的时候，巡逻放哨的大雁一旦发现有敌人靠近，便会长鸣一声给出警示信号，群雁便整齐地冲向蓝天，列队远去。而那只放哨的大雁，在别的大雁都进食的时候不吃不喝，非常警惕，恪尽职守，具有牺牲精神。飞行中，两只大雁的翅膀中间会形成一个相对的真空地带，可以使它们飞得更省力，然而领头雁是没有谁会给它真空的，但漫长的迁徙过程中总得有人带头搏击，这同样是一种牺牲精神。如果在雁群中，有任何一只大雁受伤或生病而不能继续飞行，就会有两只大雁自发地留下来守护、照看受伤或生病的大雁，直至其恢复或死亡，然后它们再加入新的雁阵，继续往南飞直至目的地，完成它们的迁徙。

从雁群的故事中我们可以发现，根据特点进行科学分工，对团队协作具有非常大的作用。为此，陈一平认为要确定协作关系必须符合以下几个方面的要求。

第一，具有共同目标。

团队最基本的定义是一群有共同目标的人。在打造成功团队的过程中，有人做过一个调查，问团队成员最需要团队领导做什么，70%以上的人回答希望团队领导指明目标或方向；而问团队领导最需要团队成员做什么，几乎80%的人回答希望团队成员朝着目标前进。从这里可以看出目标在打造成功团队过程中的重要性——目标是团队成员协作的一面旗帜，团队目标的实现关系到全体成员的利益，自然也是鼓舞大家斗志、协调大家行动的关键因素。另外，目标越明确，越有利于团队的发展，越有利于提高团队成员的工作效率。

一个心理学家做了这样一个实验：他组织三组人，让他们分别向着10千米以外的三个村子进发。

第一组：不告诉他们村庄的名字，也不告诉他们路程有多远，只告诉他们跟着向导走就行了。刚走出两三千米，就开始有人叫苦。走到一半的时候，有人几乎愤怒了。他们抱怨为什么要走这么远，纷纷询问何时才能走到头，有人甚至坐在路边不愿意走了。越往后，他们的情绪就越低落。

第二组：知道村庄的名字和具体路程，但路边没有里程碑，他们只能凭经验来估计行程的时间和距离。走了一半的时候，大多数人想知道已经走了多远，比较有经验的人说："大概走了一半的路程。"于是，大家又簇拥着继续往前走。当走了全程的四分之三的时候，大家的情绪都开始低落，觉得疲惫不堪，而路程似乎还有很长。有人说："快到了！快到了！"大家才又振作起来，加快了行进的步伐。

第三组：不仅知道村子的名字、路程，而且公路旁每一千米都有一块里程碑，人们边走边看里程碑，每缩短一千米大家便高兴一阵子。行进过程中，他们用歌声和笑声来消除疲劳，情绪一直高涨，所以很快就到达了目的地。

心理学家得出了这样的结论：当人们的行动有明确的目标，并能把行动与目标不断地加以对照，进而清楚地知道自己的行进速度和自己与目标之间的距离的时候，人们行动的动机就会得到维持和加强，就会自觉地克服一切困难，努力达到目标。

在学校与社区的协作中，学校与社区之间必须要相互协调，确立促进两者发展的共同目标。另外，共同目标的确立必须是谨慎和准确的，目标的反复变动对于团队的协作会产生极大的消极影响，也会打击执行任务的成员的士气，降低其工作效率。

第二，取得共赢。

管理学上非常讲究"共赢"。所谓"共赢"就是指协作共事的双方在完成一项交易活动或共同承担一项任务的过程中互惠互利、相得益彰，能够实现双方或多方的共同收益。对学校而言，开展教育的目的是让学生受到更好的教育。学校与社区的协作，无疑可以为学生提供一个更加广阔的学习环境。

对社区而言，活动的开展有利于促进社区的和谐文化发展。老年人可以参与到学生的活动中，使生活多出许多快乐，参与其中的学生也形成了孝敬老人的良好品质。除此之外，学校有一定的办学经验与文化传统，有专职的师资队伍，教师懂得教育规律、教和学的方法，有强烈的教书育人的价值取向、职业道德习惯及人格感染力量，走进社区必定会为社区的发展增添活力。学校拥有相对齐全的教学设施和文娱体育活动设备、设施，对整个社区的文化教育活动和经济发展具有空间调节作用。学校可以通过开展科技下乡、社区扫盲、社区公益事业，举办夜校、假日班等形式，为社区教育服务，这是学校承担社区建设的主要职能。

另外，在各个社区都会存在一些民间艺人、退役军人、企业界名流，以及掌握一技之长、对教育有独到认识、能为学校教育出策献力的人士。学校与社区的协作恰恰可以搭建这样一个平台，让有知识、有技能的社会人士参与到学校的教育中来。举个例子，学校每年都会要求班主任对学生进行安全教育，而传统枯燥的说教早已让学生产生了“免疫力”，学生根本听不进去。那么，学校就可以把这项工作放到与社区协作的活动中去完成，邀请社区中从事交警工作的专业人士或从事安全营救工作的人员对学生进行现场教育。对社会人士而言，其学科知识不如教师，但其职业知识肯定比教师丰富，而且他们凭借独特的阅历，讲述各种真实的、惊心动魄的故事常常很能吸引学生，有助于学校对学生进行教育。

第三，进行合理分工。

每一个协作项目的成功，都离不开团队成员的合理分工。在分工之前，领导者首先要对团队进行了解和分析。陈一平在领导团队协作的过程中，除了清楚地了解每位教师的优缺点外，对协作方的优缺点也心中有数，这样就可以使每个人在协作中发挥各自的优势，形成合力。另外，尽可能保证每个成员都明确自己的职责，这样才不容易出现推诿、扯皮等不良现象。如果说团队是一个庞大的机器，那么每个成员就是一个个零件，只有他们爱岗敬业，机器才能良性运转。协作的过程是一个动态的过程，所以必须适时调整协作方案。计划赶不上变化，学校与社区的协作是一个长期的动态过程，是不断发现问题、解决问题的过程，因此在协作过程中，双方应针对发现的问题进行及时的调整。

有这样的一个故事。一位年轻炮兵军官上任后到下属部队视察操练情况，发现了一个难以理解的问题：在操练中，总有一个士兵自始至终站在大炮的炮筒下，纹丝不动。经过询问，得到的答案是操练条例就是这样规定的。原来，条例遵循的是马拉大炮时代的规定，当时站在炮筒下的士兵的任务是拉住马的缰绳，防止大炮发射后因后坐力产生的距离偏差，以减少再次瞄准的时间。现代大炮不再需要马拉着了，自然也不再需要站在炮筒下的士兵了，但条例没有及时调整，便出现了站在炮筒下的士兵。所以说，优秀的领导者要善于应对变化，做出正确的调整。

经过多次的实践和不断改进，陈一平与社区的协作更得心应手了。六一儿童节过后的那个周末，学校与家长在附近的一个社区开展活动。在这次活动中，家长们很踊跃，有几位家长还承担了组织、联络等相关工作。

教师、家长、社区的志愿者与学生都加入活动中，开展了搭人桥、导盲、坦克车、跳板接力及套圈等活动，其乐融融。其中，后两项是家长与学生共同参与的亲子活动。在这个过程中，陈一平看到家长如此配合地开展活动，非常高兴。尤其是其中有好几位留守儿童的父母也到场了。平常这几位家长都外出打工，一年才回家几趟，每次离家时孩子都会哭着闹着舍不得父母离开，甚至在作文中也会写到非常想念父母。这次活动给学生留下了非常美好的回忆。

在当今社会，家长生活在各种压力与烦恼之下，在这样的活动中摆脱烦忧、见证孩子的快乐，这是多么幸福的事情。这不单单是一个娱乐的活动，更是一个教育的过程。五年级的吴晓同学说她最喜欢导盲活动：两个小伙伴一组，你蒙上眼睛时我牵着你的手，慢慢向前走，我告诉你前方有什么，要注意什么，然后再互换角色。她说，这让她知道了在别人需要帮助的时候一定要伸出手。她还说搭人桥过河让她感受到团结的力量。晚上回家，她还认真地写了篇日记记述了今天的经历。活动带来的教育效果非常好。

方法二　真诚沟通，建立信任

家长是教师最常打交道的协作伙伴，然而经过调查，发现很多家长都有这样的看法："我不习惯同老师主动打交道，只要孩子在学校没什么事，我可以一年不去学校，平时电话也不打，因为我实在不知道该和老师谈些什么。而老师也很少主动联系我，一般打电话过来大多是因为孩子在学校犯错误了。"可见，很多时候，家校之间的联系都是不够的，教师与家长之间并没有形成亲密的协作关系。大家都知道，家庭和学校是孩子成长的主要环境。如果家长与教师之间没有充分的沟通和信任，那么当孩子在学校或家庭中出现了问题，另一方却不知道，对孩子的发展显然是不利的。学校和家庭只有相互配合，才能更好地促进孩子的成长。在现实生活中，由于家长与教师之间极少有机会接触，以至于大部分家长不敢主动与教师联系，这需要教师主动往前走一步，与家长建立相互信任的关系。

我们来看这样一个教师和家长交谈的情景。国庆假期后的一天晚上，黎明老师散步回家，在小区公园附近碰到了学生杨洋的妈妈。黎老师是杨洋的语文教师兼班主任，是一位新教师，只有一两年教学经验。之前，杨洋妈妈希望把孩子调到另一个由更有经验的教师担任班主任的班，经过黎老师与杨洋妈妈的多番沟通，杨洋妈妈最后同意杨洋留在黎老师的班级。这天晚上，杨洋妈妈和黎老师相遇了，便谈起杨洋在家里学习和生活的情况，黎老师认真地听着。"杨洋在家作业完成得很快，做完作业就开始玩游戏，洗澡，休息，我要求他不能超过 10 点钟睡觉。"黎老师听杨洋妈妈说孩子作业写得快，心中当然高兴。黎老师又回想起杨洋在课堂上表现出聪明伶俐，并不像其他孩子那样听课吃力，他做作业绝大部分正确，错误只是由于粗心所致。黎老师心想：家长这样说，应该是对自己的教学还算满意吧。杨洋妈妈却说："黎老师，我虽然平常对孩子很严格，其实是非常心疼他的，现在正是孩子长身体的时候，最近作业好像有些多，能不能减掉一些？"黎老师一听，仔细回想一下，记起了一件事。一次杨洋的作业字迹潦草，自己还批语"请注意字迹"。黎老师连忙说："您提醒得好，上个月测验考试后，有些学生的古诗和生字未过关，我布置的抄写作业可能多了些，以后会注意的。"杨洋妈妈连忙一笑，生怕黎老师怪罪，说道："黎老师，您别往心里去啊！"黎老师笑笑："怎么会呢？"黎老师想：家长提供的信息真好，使我及时认识到了自己的错误，一定要记在心里，及时改正啊！黎老师接着又与杨洋妈妈谈了很多杨洋在学校的情况，两人聊得非常愉快，不知不觉，他们站在公园已经讲了一个多小时了。

家访，对教师来说并不是一个陌生的词。作为联系学校与家庭的一条纽带，它发挥了无可替代的作用。家访，说到底是学校与家庭共同教育好孩子的一道不可或缺的桥梁。通过家访，教师可以及时了解学生学习和生活的情况以及思想动态，获知家长对教师工作的反馈和建议，不仅能取得家长对学校和教师的理解和支持，同时能加深教师与家长之间的情谊。

俗话说："情感是教育的桥梁。"繁体的"亲"字写为"親"，这说明人要常见面才会亲。家访能让教师和家长打成一片，感情亲切融洽，这样家长就不容易产生误会和埋怨，教师的教学工作就能得心应手。但是，由于很多现实原因，家访越来越少了。

陈一平在对教师的培训中经常强调教师要善于与家长进行沟通，获得家长的信任。若每个人在生活中都只愿意与熟识的人袒露心扉，沟通就会减少，人与人的距离就会变大，这样了解就会变少，如此恶性循环，对于教师和家长的关系自然是有害的。

大家看看身边最能获得别人信任的人、人气最高的人，一定是那些最善于与人沟通、真诚待人的人。在同一单位上班，不碰面就绝不多聊一句，碰面了也仅限于打个招呼，这样的人朋友一定不会多，获得的帮助也一定少之又少。最重要的是，缺少沟通容易导致误会和矛盾，这样对于人与人之间关系的伤害是非常大的。

为了让大家更好地理解这个道理，来给大家讲个小故事。

孔子和众弟子周游列国，曾行至某小国，当时遍地饥荒，有银子也买不到任何食物。过不多日，众人终于行至邻国，饿得头昏眼花之际，发现这里有市集可以买到食物。弟子颜回让众人休息，自告奋勇地忍饥做饭。当大锅中的饭将熟之际，饭香飘出。饿了多日的孔子也受不了饭香的诱惑，缓步走向厨房，想先弄碗饭来充饥。不料孔子走到厨房门口时，只见颜回掀起锅的盖子，看了一会儿，便伸手抓起一团饭来，匆匆塞入口中。

孔子见到此景，又惊又怒：自己一向最疼爱的弟子竟做出这等行径！读圣贤书，所学何事？学到的是偷饭吃？因为生气，孔子的肚子也就饱了一半。他生气地回到大堂，沉着脸。没多久，颜回双手捧着一碗香喷喷的白米饭来孝敬恩师。

孔子气犹未消，正色道：“天地容你我存活其间，这饭不应先敬我，而要先拜谢天地才是。”颜回说：“不，这些饭无法敬天地，我已经吃过了。”孔子板着脸说：“你为何未敬天地及恩师，便自行偷吃?”颜回回答：“是这样子的，我刚才掀开锅盖，想看饭煮熟了没有，正巧顶上大梁有老鼠窜过，落下一片不知是尘土还是老鼠屎的东西，正掉在锅里，我怕坏了整锅饭，赶忙一把抓起，又舍不得那团饭粒，就顺手塞进嘴里……”

至此孔子方恍然大悟：原来不只心想之境未必正确，有时竟连亲眼所见之事都是误解。于是，孔子欣然接过颜回递过的大碗，开始吃饭。

从这个故事中我们可以知道，很多事情即使是亲眼所见也未必为实，要是颜回不懂得与孔子沟通，不说明事情的经过，可能两人的关系就会因此而破裂。真诚沟通能够及时地化解人与人之间的误会和矛盾。同样，家长可能难以了解教师对学生的关怀和教导，但如果教师及时与家长进行沟通，相信家长一定能够在与教师的交流中深深地体会到教师对学生的爱护和关爱，从而对教师的工作更为配合，这对于教师树立良好的口碑也有一定的帮助。

一年级（1）班有一个叫李菲的学生，她从小身体就比较弱，性格内向，平时沉默寡言，在教师眼里属于那种听话、守纪律的孩子。然而，学生的这种性格，使家长与班主任产生了一次小小的误会。

那天，班主任带着学生开展第二课堂活动，由于当时是冬天，室内外温差较大，就要求学生穿上外套再出去。但李菲的外套太长，她不愿意穿。看她身上的衣服穿得也不少，班主任就答应了。活动课结束的时候，李菲的奶奶来接孩子，班主任没顾上和李菲奶奶说话，只是挥了挥手。奶奶边走边对李菲说：“你们老师真不像话，这么冷的天也不让你穿外套。”李菲没有跟奶奶解释，就离开了学校。而这情景正巧被在校门口值班的副校长听见了，就与李菲的班主任说了这事。第二天，班主任装作什么事也没发生，主动找李菲的奶奶聊天，向她解释了昨天孩子不穿外套出去活动的原因，让她为孩子准备一件短一些的外套，还告诉了她一些孩子冬季保健的知识。李菲的奶奶听完解释后欣慰地笑了，并表示不了解情况就责怪老师是不应该的。

人与人之间很难百分百地避免误会，家长和教师都是明理之人，家校之间要达成信任，关键在于真诚沟通。沟通是维系感情最重要的纽带，如果家长与教师之间出现意见分歧，教师更加不应保持沉默，否则就会形成更多的隔阂，使彼此的感情愈加疏远。面对误会，教师应该及时沟通，寻找双方都能接受的解决方式。

方法三　言出必行，做事负责

说到言出必行，先给大家讲一个“签合同”的现象。在当今社会的交易中，为了避免对方事后不兑现诺言，都会在协作之前签订合同或者写保证书，而且合同的内容越来越多元，越来越细致。为什么会出现这种现象呢？我们来分析一下。

从前，劳动合同还没有很好落实的时候，工人加班加点，每天早上五六点起床干活，除了吃三顿饭外，一直要干到晚上八九点才收工。吃饭时，如果不抢着吃就会饿肚子。老板不愿意付加班费，工人吵吵闹闹好几天却投诉无门。在某公司干几年了，业绩越来越好了，打算往外闯一番大事业，可老板就是不让走。这些事例比比皆是。

确实，签了合同比没有凭证更有保障，可是在中国古代，人们很少签合同、订契约，相互间的协作凭的就是一句诺言。说到这里给大家讲一个三国时候的故事。

三国时，蜀汉建兴九年，诸葛亮命人制造木牛流马运输军粮，再次出兵祁山，第四次攻魏。魏明帝曹睿亲自到长安指挥战斗，命令司马懿统帅诸将领，带领大军直奔祁山。面对兵多将广、来势汹汹的魏军，诸葛亮不敢轻敌，于是命令士兵占据险要地势，严阵以待。

魏蜀两军，旌旗在望，鼓角相闻，战斗随时都可能打响。在这紧要关头，蜀军中有八万人服役期满，已有新兵接替，老兵们都整装待发，盼望着能早点返回故乡。魏军有三十余万人马，兵力众多，连营数里。如果蜀军让这八万老兵走，那么他们的势力就会更加单薄，取胜的希望就会更加渺茫，众将领都为此感到十分忧虑。这些整装待发的老兵也深感担心，生怕盼望已久的回乡愿望不能立即实现，担心要等到这场战争结束才能回去。

不少蜀军将领向诸葛亮进言，希望留下这八万老兵，延期一个月，等打完这场仗再让他们走。诸葛亮断然拒绝："统帅三军必须以绝对守信为本，我岂能以一时之需失信于三军？"停了一停，他又说："何况常年征战在外的士兵早已归心似箭，家中的父母妻儿也终日倚门而望，盼望着他们早日回家团聚。"遂下令各部，催促老兵返乡。此令一下，所有准备还乡的老兵在意外之余也欣喜异常，感激得涕泪交加，反而都主动要求留下来参加战斗。那些在队的士兵也受到极大的鼓舞，蜀军士气高昂，摩拳擦掌，准备痛歼魏军。

诸葛亮在紧要关头不改原令，收拢了军心，使还乡的命令变成了战斗的动员令。他运筹帷幄，巧设奇计，在木门设下伏兵。魏军先锋张颌，是一员勇将，被诱入木门埋伏圈中，死于蜀军的乱箭之下。蜀军人人奋勇，个个争先，魏军大败，司马懿被迫引军撤退。犒劳三军之时，诸葛亮特别褒奖了那些放弃回乡、主动参战的士兵，蜀军营中一片欢腾。

中国人有着守信的优良传统，把讲究信义当作人生的基本行为规范之一。所以能够遵守诺言的关键不在于是否签订了合同，而在于人是否诚信。一个人如果不诚信，那么即使有了合同，也不能确保他愿意信守承诺。

西方有一句谚语："一盎司诚实相当于一磅智慧。"对于领导者而言，要想获得职场上的名誉利益，首先要诚信，做到一诺千金，做事负责，必须像保护自己的眼睛一样保护自己的信誉，切忌乱开“空头支票”。常有些人喜欢随口答应别人一些事情，而事实上无法做到。有些刚上任的领导总想“新官上任三把火”，由于过分相信自己的实力，很轻易地就会答应下属：“我可以帮你这样做。”最后却往往做不到，这样就很容易在下属心中留下不守信的印象。

新教师蔡明在入职的那天与陈一平谈起了她的上一段求职经历。当时，蔡明刚毕业，像所有应届毕业生一样奔波于各种招聘会，但是一直没有成功。眼看别人都已经签约了，自己还迷茫不知去向，她感觉非常沮丧。最后蔡明决定到私立学校去试试，没想到机会还是很大的，有两所学校都愿意聘请她。非常巧的是，这两家私立学校距离非常近，两位校长为了能够请到蔡明，都争相提出良好的待遇。当时，甲学校给的工资比乙学校的要高，但乙学校答应蔡明，只要她到学校来，每个月都可以享受由学校提供费用的职业培训。大家都知道，在选择工作的时候，年轻人更希望选择机遇多、提升空间大的单位。所以，蔡明选择了乙学校。但是，令蔡明没想到的是，乙学校的校长没有兑现诺言，总是以各种理由推迟原本答应好的职业培训。蔡明发现这个校长是不讲诚信的人，即使留在这里工作，自己也找不到归属感，在一年合同到期后，她就马上收拾行囊，头也不回地走了。

一般来说，当听到下属的请求时，领导不要认为事情容易实现就一口应承，而应当详细地考虑各种情况。这样，即使后来由于情况变化或本身判断错误，以致执行困难时，也不至于失信于人。这样，领导就能保持自己的信誉，让下属觉得自己可以信赖。领导如果能以信为本，对自己说过的话负责，就会赢得下属的尊敬和支持，从而形成很高的威信；反之，如果领导不讲信用，说过的话不算数，威信就会日渐丧失，管理就无法搞好。在讲信用方面，领导应该带头起表率作用，千万不能说了不算。

现代领导者一定要记住：诺言是必须信守的，不管诺言是在何种情况下许的都一定要信守。即使在迫不得已的情况下许下诺言，也不能将其当作权宜之计，因为别人只会看重你是否对自己说过的话持有负责的态度这一点。只有以信待人，与人坦诚相见，才能抓住人心，从而在激烈的竞争中游刃有余，成就一番事业。

“人而无信，不知其可。”人不能不讲信义，不能违背诺言，领导者更加不能对下属出尔反尔，否则就会遭到他们的鄙夷，也会失去他们的尊重。

协作箴言：领导者不能对下属出尔反尔，否则就会遭到他们的鄙夷，也会失去他们的尊重。

最近，网上“校长吻小猪”事件传得沸沸扬扬。这位校长姓洪，是湖北咸宁实验小学的副校长，被大家称为“个性校长”。他为什么要亲小猪呢?

湖北咸宁实验小学的领导一直以来都对值日生的清扫工作非常头疼，想尽各种办法都收效甚微。洪校长本来想给学生奖励文具，但他们不差这些。有一天，洪校长突然想到美国一名小学老师曾许诺说，若学生们的数学评估测验通过率达到80%，就当众与猪亲吻。结果学生的学习热情空前高涨，最后这位老师也兑现了诺言。

周一，洪校长当着全校师生许下诺言：只要你们养成良好的卫生习惯，在校门前的这条路上不乱扔垃圾，见到其他人乱扔垃圾能及时加以制止，使这条路的卫生状况得到改观，我就在一个月后的升旗仪式上当众亲吻一头小猪。

一个月过去了，校园门口的这条路真的变了样：没有一点垃圾，非常整洁。

有学生主动问：“洪校长，您说的诺言什么时候兑现哪?”洪校长笑着对他们说：“放心吧，你们做得这么好，我的诺言一定会兑现。”

一个星期后，他联系了一名从事生猪养殖业务的朋友，托其送一头小猪到学校来。

“本以为送来的是个十来斤的猪仔，结果是只四五十斤嗷嗷叫的小猪。”洪校长笑着说，一看到这头猪的时候，就觉得压力实在太大了：“它要是不领情咬我一口可咋办?”

周一上午，升旗仪式后，当洪校长俯身与小猪结结实实来了个吻的时候，全场师生爆发出一阵欢乐的笑声。

令洪校长舒一口气的是，小猪还比较配合，被亲的时候没有反抗。

“当初以为洪校长是逗我们玩的，没想到他真的亲了小猪。”六年级（1）班的学生丁丁说，他觉得校长“很讲信用”。

中国人十分注重信义。由于这些根深蒂固的影响，中国历史上有成就的领导者向来都极讲究信用，言出必行。“君子一言，驷马难追”，一直鼓励人们要谨守信义，不能违背诺言。不违诺就是君子，就是人上之人，就能受到人们的敬重，自己亦能从中受益。

一诺千金，是做人的基准，也是领导者的声誉名片。陈一平的荣誉和名声都是一点一滴积累起来的，他正是依靠这些点滴在职场上促成了一次次的协作，取得了一次次的成功。

回顾多年的教育管理生涯，陈一平颇有一番感慨：管理一个班级，我们需要各科教师的协作；管理一个学校，我们需要每一位教师的协作。

凭着协作的理念，陈一平实现了“人多好办事”。在教学工作上，很多事情不是一个人就可以办成的，更多的是需要团队协作。每一次评比、每一项研究，陈一平都更愿意交给大家共同完成。也许刚开始团队中会出现各式各样的矛盾，效率也不见得高，但他明白和谐、高效的团队不是一天就能形成的，它需要建设，需要成长，需要磨砺。

凭着协作的理念，陈一平实现了“开拓进取”。可以说，开拓进取是学校坚定不移的选择，这就需要集思广益，整合各方智慧。陈一平鼓励教师“走出去”学习，与更多优秀的教育者协作，以提高自己的教学水平。

凭着协作的理念，陈一平实现了“脱颖而出”。学校能够在短期内获得迅速发展，在众多竞争中脱颖而出实属不容易，陈一平把它归功于大家的共同努力。除了自谦以外，也道出了他的管理之道：成绩不是凭借一个人就能获得的，荣誉也不是凭借一个人就能拥有的，成功也不是凭借一个人就能实现的，这些都需要依靠大家同心协力、精诚合作。

“三个臭皮匠，顶个诸葛亮。”这是一所普通的乡村学校，没有顶级的师资，没有最好的教学设备，没有优质的生源。但是陈一平通过激发每一位教师的合力、每一位学生的努力，创造了奇迹，使这片乡村土地开出了美丽的鲜花。

江苏凤凰教育出版社
《行知工程》系列丛书目录

系列	序号	书名	主编	定价
校长领导力系列	1	《学校和谐融洽的协作力》	陈一平　郭雪莹 王林发	30.00
	2	《校长智慧统筹的领导力》	谢耀丰　蔡丽姗 王林发	30.00
	3	《学校细节管理的执行力》	林文明　王林发	30.00
	4	《学校持续发展的研究力》	林文智　宋佳敏 王林发	30.00
	5	《学校教育提升的引领力》	谢文东　关敏华 王林发	30.00
	6	《学校团队成长的学习力》	黄纪　蔡美静 王林发	30.00
	7	《学校高效管理的创新力》	张旭	30.00
	8	《学校成功管理的决策力》	邱黎明	30.00
	9	《高品质学校生长要素》	王益民	30.00
	10	《校长高校教学领导力提升策略》	徐世贵　郭文智	30.00
创新教学探索系列	11	《做童年面前最合适的人——我和孩子们的“童化语文”》	曹丽秋	30.00
	12	《品世界名画，学精彩作文 ——特级教师的“名画”作文教学法》	李日芳	36.00
	13	《玩出精彩作文——张化万活动作文教学经典策略》	张化万	35.00
	14	《〈红楼梦〉里的语文课》	李日芳	30.00
	15	《让学生把母语用精彩——“语用课堂”的探索与实践》	余小红	30.00
	16	《“备”出课堂精彩——备学式教学的课堂实践与思考》	张旭兰	30.00
	17	《神奇的阅读教室——带学生踏上美妙的阅读之旅》	李祖文	30.00
	18	《打造有生命力的课堂 ——“两步八环节”教学模式探索与实践》	查联智	30.00
	19	《最能培养学生探究能力的课堂 ——小学科学与信息技术单元整体课程实施与评价》	李怀源	30.00
	20	《最能激发学生运动天赋的课堂 ——小学体育单元整体课程实施与评价》	李怀源	30.00
	21	《最能提升学生艺术素养的课堂 ——小学艺术单元整体课程实施与评价》	李怀源	30.00
	22	《“生命语文”探索——焕发语文生命力的思考与实践》	王自成	30.00

系列	序号	书　　名	主编	定价
创新教学探索系列	23	《粘连作文教学：让习作成为有个性的自我建构》	黄瑞夷	30.00
	24	《备学式教学——在体验中建构数学思维》	单广红　范雪梅	30.00
	25	《向着自主进发——自主教育的创新实施智慧》	朱亚红	30.00
	26	《写中学——让学习更有效的学科写作教学》	钟传祎	30.00
	27	《小学科学实验总动员——大科学课堂有效提升学生创新力》	江美华	30.00
	28	《小学语文单元整体课程实施与评价》	李怀源	30.00
	29	《小学英语单元整体课程实施与评价》	李怀源	30.00
	30	《小学数学单元整体课程实施与评价》	李怀源	30.00
	31	《让教学更能激发智慧——"思维碰撞"课堂的建构与实施》	程和方	30.00
新思维系列	32	《让后进生学习有后劲之36计》	严育洪	30.00
	33	《教育中的"不一定"——打破教育的19种思维惯式》	严育洪	30.00
教师修炼系列	34	《与学生一起成长——90后教师的心路反思》	王　晗	30.00
	35	《教育，爱与宽容——教师心灵礼仪修炼》	许力争	30.00
教育家核心思想系列	36	《叶圣陶论写作》	叶圣陶 著 李怀源 选编	30.00
	37	《叶圣陶谈阅读》	叶圣陶 著 李怀源 选编	30.00
	38	《多元智能理论的本土化应用》	刘治富	30.00
	39	《大教育家最具施教力的教学思想》	白刚勋	30.00
教育求索系列	40	《欣说教育那"一亩三分地" ——一位一线教师的教育微思考》	王庆欣	30.00
	41	《爱的守望——一位一线教师对教育的坚守》	林卫红	30.00
	42	《思政教学的人文力量》	戴晓华	30.00
	43	《师道新说——给教育者的30条箴言》	徐　卫	30.00
学生心理解码系列	44	《在人生的春天播种——十四岁，写给青春的一封信》	白宏宽	30.00
	45	《孩子问题行为一点通 ——只有好老师才知道的学生心理谜底》	严育洪	30.00
校本研修系列	46	《徜徉语文教研》	肖俊宇	35.00
	47	《校本研修资源的开发与利用》	陈朝林	30.00
	48	《校本研修与教师专业成长》	吴积军	30.00
	49	《卓越教师经典研修成长策略》	刘天宝等	30.00
	50	《特色校本课程开发范例解读》	刘永平　李秀伟 张雪梅	30.00
	51	《高效校本研修模型构建艺术》	刘素雁	30.00
	52	《走向实践的教研——中小学教育科研引领与应用》	江　敏	30.00

系列	序号	书　　名	主编	定价
名校系列	53	《让每个孩子都成志 ——清华附小主题阅读课程的实施探索》	窦桂梅	30.00
	54	《让每个孩子都成志 ——清华附小主题实践课程的实施探索》	窦桂梅	35.00
	55	《向着朝阳走去——清华附小合作办学实践探索》	窦桂梅	30.00
精彩课堂系列	56	《给孩子更好的数学课堂》	易增加	30.00
	57	《小学生阅读素养的提升策略》	邵巧治	35.00
	58	《从语文素养走向生命成长 ——小学语文读写课堂教学密码》	曾海玲	30.00
	59	《真实的品德课》	朱淑秀	30.00
	60	《英语课堂学习共同体——新型的师生交互学习场》	杨延从	30.00
	61	《指导自主学习——初中数学学与教的研究与实践》	刘其武	30.00
	62	《玩出精彩的课堂 ——小学低年级教与学方式转变研究》	陶红松	30.00
	63	《让生命之花自主绽放——语文个性化教学建构策略》	商德远	30.00
	64	《让学生亲历知识——主体参与下体验式学习的实施策略》	何世祥	30.00
教育思想者系列	65	《高效教学的道与术——陶继新教育讲演录》	陶继新	30.00
	66	《名校之道——陶继新对话名校长（1）》	陶继新	30.00
	67	《教育，一切从孩子出发》	黄　俭	30.00
教育管理力系列	68	《缔造唯美教育——延奎小学素质教育实施策略》	易增加	30.00
	69	《让普通学校崛起的20个细节——“生命为本”教育团队成长密码》	李其玉	30.00
	70	《“走”出教育的精彩：走动式学校管理文化构建》	罗　军	30.00
	71	《校长兵法：学校管理四十六计》	皮大鹏	30.00
班级文化系列	72	《活力班级的文化建设》	胡　珏	30.00
	73	《做幸福的班主任》	吕　丽	26.00
高效能教学系列	74	《高效能教师的10个好习惯（中学卷）》	张　瑾	30.00
	75	《让作文落地生根——提高写作实效的教学策略》	黄桂林	30.00
	76	《高效能作文教学5项修炼》	陈步华	30.00
	77	《高效能校长的10个好习惯》	张　勤	30.00
	78	《高效能教师的10个好习惯（小学卷）》	谢　英	30.00
	79	《高效能语文教学5项修炼》	王其华	30.00
新课程探索系列	80	《语文新课程的批判与重建》	葛桂斌	30.00

系列	序号	书名	主编	定价
美国名师教学译丛	81	《美国名师游戏教学本土化应用：幼儿园》	（美）玛西娅 L. 泰特 著 胡珍 瞿菁 编译	30.00
	82	《美国名师游戏教学本土化应用：小学英语》	（美）玛西娅 L. 泰特 著 杨永华 张心影 编译	30.00
	83	《美国名师游戏教学本土化应用：小学数学》	（美）玛西娅 L. 泰特 著 谢艳红 编译	30.00
	84	《美国名师游戏教学本土化应用：小学科学》	（美）玛西娅 L. 泰特 著 刘丽萍 编译	30.00
	85	《美国名师游戏教学本土化应用：小学社会》	（美）玛西娅 L. 泰特 著 姜梅芳 编译	30.00
	86	《美国名师游戏教学本土化应用：小学音体美》	（美）玛西娅 L. 泰特 著 尹立志 编译	30.00
鲁派名师名校·教育探索者系列	87	《悦读立人——校园阅读文化体系构建策略》	杨世臣	30.00
	88	《教育智慧何处来——一位特级教师的思考手记》	付立金	30.00
	89	《和雅文化——校本课程的创新构建》	汤善香	30.00
	90	《让个性绽放精彩——学校课程体系整合与创生》	谢建伟 徐淑萍	30.00
	91	《让每个学生都幸福——最能润泽生命的学校文化建设》	谢建伟 张新喜	30.00
生态化校园系列	92	《文化管理——构建生态和谐校园的必由之路》	付全新	30.00
	93	《点燃学习的激情——构建校园生态化学习型组织》	杨树岳	30.00
	94	《课改突围——构建学校生态化教学体系》	杨树岳	30.00
教育新思考系列	95	《语文教育向何处去》	王丛	26.00
	96	《教育，就是做好普通的事》	孙志毅	27.00
	97	《走出语文的偏见——让学生体悟文本的原义》	丛智芳	30.00
	98	《让语文教学更高效——批注式阅读教学探索》	韩中凌	30.00
	99	《读写互促——探寻学以致用的语文教学》	曹龙	30.00
	100	《跳出数学教数学——用文化融通数学教学》	马建秀	27.00
名师感悟系列	101	《让心灵伴着歌声成长——22位音乐名师的教育智慧》	陈璞	30.00
	102	《超越自我的教师——32位名师的成长感悟》	李卫东 李秀伟	35.00
	103	《心灵的守护者——19位名班主任的教育智慧》	王晓松 曲文弘	30.00
	104	《名师感悟班主任有效工作艺术90例》	符礼科	30.00
	105	《名师感悟有效教学90例》	林高明 徐玉烟	30.00
信息化教学系列	106	《巧用白板教语文——信息技术与语文教学操作指南》	蒋丽清	30.00
	107	《跨越式实现高效课堂 ——信息技术与课程整合高效教学方案评析》	陈玲 刘禹	30.00

系列	序号	书　　名	主编	定价
教师必读系列	108	《教师必学的 16 堂修养课》	武宏伟	30.00
	109	《教师不可不知的教学心理效应》	叶勇军	30.00
	110	《班主任不可不知的管理效应》	奚一琴	30.00
	111	《教师不可不知的教育心理效应》	孙　媛	30.00
	112	《校长不可不知的管理效应》	谢申刚　张金豹	30.00
	113	《成为好教师的 7 项修炼》	王福强　李维华	30.00
	114	《如何让学生会学习》	龙　冰	30.00
	115	《如何让学生爱学习》	周震宇　许小燕	30.00
核心教学主张系列	116	《新生代语文名师核心教学主张》	许友兰	30.00
行思讲坛系列	117	《灵动而朴素地教语文——潘文彬的微格教育生活》	潘文彬	30.00
	118	《师爱无疆——润泽学生心灵的教育故事》	侯忠彦	30.00
	119	《怎样反思更有效 ——促进教师专业发展的反思策略》	诸贝贝	30.00
	120	《成为高度自觉的教育者——写给后课标时代的数学教师》	许卫兵	30.00
	121	《哲思数学课》	刘全祥	30.00
	122	《智慧数学课——黄爱华教学思维的实践策略》	黄爱华	30.00
	123	《童趣数学课》	徐　芳	30.00
	124	《把学生教聪明》	严育洪	30.00
	125	《教师最应该规避的教育误区》	杨坤道	30.00
	126	《用语文的方式教语文——潘文彬教学主张与实践智慧》	潘文彬	30.00
	127	《怎样让阅读教学更有效 ——提升教学能力的十种读诵模式》	汪秀梅	28.00
	128	《让生命在润泽中起舞 ——当代小学生最需要的主题班会》	吴联星　罗　琳 冯卫东	30.00
	129	《让生命欢快拔节 ——当代中学生最需要的主题班会》	冯卫东　吴联星	30.00
	130	《课堂因生成而精彩——高效教学的生成智慧》	张文质	30.00
	131	《回到每一个人的生命化教育 ——张文质二甲中学教育行动录》	张文质	30.00

系列	序号	书　名	主编	定价
中国教育变革之路丛书	132	《百年树人师何为——教师队伍建设困顿与出路》	将丽珠　李玉向	30.00
	133	《入园何时不再难——学前教育困惑与抉择》	曾晓东 范　昕　周　慧	30.00
	134	《三尺书桌何处寻——流动人口子女教育困难与破解》	范先佐	30.00
	135	《苦旅何以得纾解——高考改革困境与突破》	郑若玲	30.00
	136	《择校纠结何时了——择校问题困局与治理》	曾晓东　周文海 曾娅琴	30.00
创新教学思想系列	137	《“大问题”教学的形与神》	黄爱华　张文质	30.00
教育漫笔系列	138	《课堂，诗意地栖居》	吴书华	30.00
教学提升系列	139	《有思想地教阅读——让学生学会品读文字真意》	王学东	30.00
教育艺术提升系列	140	《藏在师生体态语言里的教学智慧》	张　宇　廖生波	30.00
教学全手册系列	141	《小学习作教学全手册》	郭家海	30.00
	142	《中学写作教学全手册》	郭家海	30.00
	143	《情境教学操作全手册》	冯卫东	35.00
	144	《合作教学操作全手册》	李春华	35.00
	145	《探究教学操作全手册》	周新桂	35.00
	146	《自主教学操作全手册》	诸葛彪	35.00
	147	《创新教学操作全手册》	王　玮	35.00
	148	《班主任工作全手册》	刘沛华	35.00
	149	《新教师工作全手册》	周震宇	35.00
	150	《学生心理健康教育全手册》	刘海莉　刘春杰	35.00
	151	《高效教学操作全手册》	马友平	35.00

系列	序号	书　　名	主编	定价
创新人才培养系列	152	《创新人才培养校园科普精品课程开发与指导 ——人大附中创新人才培养》	罗　滨	30.00
	153	《创新人才培养特色校本课程开发与创新人才培养 ——清华附中“国际安全下的科学技术”课程构建与实施》	王殿军　方　研 赵宏雁	30.00
	154	《创新人才培养：学校实验室建设与管理》	刘克文 杨发丽　杨　平	30.00
	155	《创新人才培养：数学探究活动开发与指导》	马云朋　韩继伟	30.00
	156	《创新人才培养：化学研究活动开发与指导》	王　磊	30.00
	157	《创新人才培养：物理探究活动开发与指导》	廖伯琴	30.00
	158	《创新人才培养：地理探究活动开发与指导》	张建珍　陈　澄	30.00
	159	《创新人才培养：生物探究活动开发与指导》	张迎春	30.00
	160	《创新人才培养：理念探索与思维突破》	王晶莹	30.00
新生代通派名师系列	161	《简约数学教学》	许卫兵	30.00
	162	《语文教学的本真——情意课堂展现母语之美》	吴建英	30.00
	163	《语文课堂的理想追求——欢快达成三维目标》	董一红	30.00
	164	《阅读教学的真髓——意象构建读出文学的真美》	祝　禧	30.00
	165	《美术教育的真谛——审美人生教育让生命绚丽成长》	陈铁梅	30.00
	166	《语文教学的理想境界——无痕教学润泽生命》	李　凤	30.00
	167	《儿童作文的本义——嬉乐作文让儿童乐并成长着》	王笑梅	30.00
	168	《名师是怎样炼成的》	王建明　王笑君	35.00
幼师成长系列	169	《幼儿行为背后——教师如何读懂幼儿的心思》	吴亚英	30.00
	170	《最具教育力的 22 种幼儿教育思想》	杨　达	30.00
	171	《幼儿教师必知的安全应急措施》	杨　达	30.00
	172	《幼儿教师必备的教育技能》	李　玲	30.00
	173	《卓越园长 21 条幼儿园管理策略》	周　丹　江东秋	30.00